Dirk Schwarzenbolz

Große Worte, krasse Story

DIRK SCHWARZENBOLZ

GROßE WORTE, KRASSE STORY

Mit Jugendlichen durch die Bibel

Freche Andachten, frische Impulse

neukirchener

INHALT

EINLEITUNG

**Große Worte –
krasse Story!**

Auf die Bibel trifft der Titel in jedem Fall zu! Man muss noch nicht einmal Christ sein, um das zu erkennen. Das „Buch der Bücher" – so wird die Bibel bekanntlich manchmal auch genannt – ist einfach unglaublich! Der Inhalt dieses Buches hat einen großen Teil unserer Welt geprägt, viele Jahrhunderte lang, bis heute. Viele unserer Gesetze und unserer Wertvorstellungen gehen auf die Bibel zurück – und auch uns persönlich hat dieses Buch Entscheidendes zu sagen.

Zugegeben: Viele Texte der Bibel sind nicht ganz einfach zu verstehen. Man muss einen geeigneten Zugang finden, um ihre Bedeutung für uns heute zu erschließen. In besonderem Maße gilt dies natürlich, wenn man der Botschaft der Bibel gemeinsam mit Jugendlichen nachspüren will.

In den 22 Kapiteln wird die Lebenswelt heutiger Jugendlicher auf authentische Art und Weise mit einigen zentralen biblischen Texten verknüpft. Ansprechende Geschichten und ungewöhnliche Ansagen führen ins Thema ein. Fragen, Anregungen und Impulse regen zum Gespräch an, Lesetipps motivieren zum eigenständigen Weiterlesen im Buch der Bücher.

Für Mitarbeiter:innen in der Jugendarbeit, für den Konfirmationsunterricht, für Pfarrer:innen und Religionslehrer:innen, für Eltern und für andere Interessierte bietet dieses Buch wertvolle Hilfestellungen in der anspruchsvollen Aufgabe, Jugendlichen die Botschaft der Bibel nahezubringen.

Sinn macht es, das Buch am Stück durchzuarbeiten, da die Kapitel die biblischen Texte in chronologischer Reihenfolge behandeln. Aber natürlich sind die einzelnen Kapitel auch einzeln oder in beliebiger Reihenfolge einsetzbar.

Wie beginnen?
Eine Möglichkeit ist sicherlich, den Jugendlichen das folgende Vorwort vorzulesen. Es drückt in einfachen Worten Sinn und Absicht dieses Buches aus, so dass sich die Jugendlichen darauf einstellen können, was sie erwartet.

Da aber jedes einzelne Kapitel über einen motivierenden Einstieg verfügt, können diese auch problemlos ohne das Vorwort eingesetzt werden.

Ich wünsche in jedem Fall viel Erfolg und Freude bei der Jugendarbeit – in welchem Kontext auch immer – und natürlich Gottes Segen dazu!

Dirk Schwarzenbolz

VORWORT FÜR JUGENDLICHE

Die Bibel ist genial!
Genial und gigantisch!

Gigantisch, weil kein anderes Buch größeren Einfluss auf die Geschichte der Welt hatte: Unzählige Generationen und Gesellschaften haben Entscheidendes von der Bibel gelernt, viele Länder und ganze Kontinente wurden geprägt von Vorstellungen, Symbolen und Werten aus diesem großartigen Buch. Ein Buch, das auch heute noch der absolute Welt-Bestseller ist und von dem es mehr Übersetzungen gibt als von jedem anderen Werk. Die Bedeutung der Bibel für unsere Welt kann man kaum hoch genug einschätzen. Um das zu erkennen, muss man noch nicht einmal Christ sein!

Die Bibel ist aber auch genial.

In keinem anderen Werk werden die großen Fragen der Menschheit umfassender behandelt – übrigens auch in keinem Film und in keiner Serie.

Die Bibel kennt uns Menschen ganz genau – manchmal genauer, als wir uns selbst kennen!

Ja, die Bibel ist alt.
Das stimmt.

Aber weil wir Menschen uns im Grunde nicht verändert haben, bleibt die Bibel trotzdem aktuell. In mancher Hinsicht ist sie übrigens nicht nur up to date!

Sie ist uns sogar ziemlich weit voraus!

Die Bibel ist auch ein ganz schön dickes Buch!

Außerdem auch eins, das man nicht so einfach lesen kann.
Die meisten Ausgaben sind in altmodischem Deutsch geschrieben und viele Texte darin versteht man als heutiger Mensch kaum oder nur unzureichend.

Das alles schreckt erstmal ab.
Freiwillig in der Bibel lesen?

Das tun deshalb heute wohl nur noch sehr wenige Menschen.
Schon klar.

Dabei sind mache Dinge an der Bibel gar nicht so schwer zu verstehen. Man muss nur die richtigen Stellen finden und die passenden Erklärungen dazu. Dann macht das alte Buch auf einmal viel mehr Sinn. Auch und gerade für Jugendliche!

Vielleicht versteht man dann auch besser, warum die Bibel so viele Fans hat, warum es immer noch das meistverkaufte Buch ist und wieso viele schlaue Menschen bis heute daran glauben, dass man in der Bibel wertvolle Tipps für sein Leben bekommen kann.

Mit der Bibel wendet sich Gott an alle Menschen. Die Bibel ist aber auch eine ganz persönliche Botschaft an DICH!

Ist das nicht tatsächlich irgendwie gigantisch – und genial?

TEIL A

DAS ALTE TESTA-MENT

1. GOTT IST KEIN PUPPENSPIELER!

Die Schöpfung

Jeder kennt doch Marionetten!

Genau, das sind diese Puppen, die an dünnen Fäden hängen. Im Marionettentheater wird mit ihnen gespielt. Die Zuschauer und Zuschauerinnen sehen nur die Puppen. Der Mensch, der sie bedient, bleibt versteckt – und auch die dünnen Fäden, an denen Arme, Beine und Kopf der Marionette hängen, sieht man kaum.

Ein guter Marionettenspieler kann eine solche Puppe so bedienen, dass es für die Zuschauenden aussieht, als wäre sie wirklich lebendig. Sie macht natürlich erscheinende Bewegungen und kann scheinbar auf Zurufe reagieren. Selbst Handbewegungen oder die Kopfhaltung der Puppe können so aussehen, als ob wirklich Leben in der Marionette stecken würde.

Aber kaum lässt der Puppenspieler die Fäden los, sackt die Puppe zusammen, vollkommen saft- und kraftlos. Sie liegt dann da wie ein Häufchen Elend und bietet einen ziemlich traurigen Anblick.

Ist ja klar, sie ist auch nicht lebendig!

Eine Marionette hat keinen eigenen Willen, keine Meinung und auch keine Kraft. Von sich aus kann sie nichts tun – so schön und so lebendig sie vielleicht auch aussehen mag, wenn der Puppenspieler sie zum Leben erweckt. Ohne den unsichtbaren Spieler im Hintergrund ist sie vollkommen nutzlos.

Bei der Erschaffung der Welt und der Menschen hätte Gott es sich doch wirklich einfach machen können. Er hätte aus uns Menschen ganz einfach Marionetten machen können. Vielleicht viele verschiedene Marionetten. Ganz unterschiedlich aussehende Puppen, große und kleine, dicke und dünne, hässliche und hübsche – aber eben Puppen.

Marionetten, die immer nach Gottes Pfeife tanzen, die nichts ohne seinen Willen tun können. Puppen, die nie einen Fehler machen und mit denen er spielen kann, wann und wie er gerade Lust hat. Wenn Gott tatsächlich allmächtig ist, dann wird er ja wohl auch ein paar Marionetten gleichzeitig bedienen können.

Wenn wir alle immer genau das Richtige tun würden, wenn wir immer nur nach Gottes Willen handeln würden – hätte das nicht uns und den Menschen um uns herum ganz schön viel Ärger erspart? Auch Gott selbst hätte sich jede Menge Ärger ersparen können. Oder nicht?

Könnte nicht die ganze Welt heute anders aussehen, wenn alle Menschen immer nur gut wären? Es gäbe dann vermutlich keine Kriege und keine Hungersnöte; keine Ungerechtigkeit und kein Leid.

Aber:
Kann man eine Puppe lieben?
Hmmm … vielleicht.
Kann man aber auch von einer Puppe zurückgeliebt werden?
Niemals! Das geht nicht, eine Puppe hat schließlich keine Gefühle.

Das ist genau der springende Punkt an der Sache.

Gott hat uns als Geschöpfe mit einem eigenen Willen geschaffen, als echtes Gegenüber für ihn. Die Bibel spricht davon, dass er die Menschen zum „Bild von Gott" gemacht hat. Wir sind folglich etwas ganz Besonderes für Gott.

Er kämpft für uns.
Er sehnt sich nach uns.
Er will eine Beziehung mit uns haben.

Wir sollen keine willenlosen Puppen sein, sondern Geschöpfe mit einem freien Willen. Mit der Fähigkeit, eigene Entscheidungen zu treffen; Entscheidungen auch gegen Gott.

So steht es in der Bibel:

[26]Und Gott sprach: Lasst uns Menschen machen nach unserem Bild, uns ähnlich; die sollen herrschen über die Fische im Meer und über die Vögel des Himmels und über das Vieh und über die ganze Erde, auch über alles Gewürm, das auf der Erde kriecht! [27]Und Gott schuf den Menschen in seinem Bild, im Bild Gottes schuf er ihn; als Mann und Frau schuf er sie. [28]Und Gott segnete sie; und Gott sprach zu ihnen: Seid fruchtbar und mehrt euch und füllt die Erde und macht sie euch untertan; und herrscht über die Fische im Meer und über die Vögel des Himmels und über alles Lebendige, das sich regt auf der Erde! [29]Und Gott sprach: Siehe, ich habe euch alles samentragende Gewächs gegeben, das auf der ganzen Erdoberfläche wächst, auch alle Bäume, an denen samentragende Früchte sind. Sie sollen euch zur Nahrung dienen; [30]aber allen Tieren der Erde und allen Vögeln des Himmels und allem, was sich regt auf der Erde, allem, in dem eine lebendige Seele ist, habe ich jedes grüne Kraut zur Nahrung gegeben! Und es geschah so. [31]Und Gott sah alles, was er gemacht hatte; und siehe, es war sehr gut. Und es wurde Abend, und es wurde Morgen: der sechste Tag.
(1. Mose 1, 26-31, Schlachter Bibel)

Gott ist ein ganz schön großes Risiko eingegangen, indem er uns Menschen einen eigenen Willen gelassen hat. Aber er hatte wohl keine andere Wahl, wenn er sich jemanden erschaffen wollte, mit dem er eine echte Beziehung haben kann.

Also hat er uns einen eigenen Kopf gegeben. Einen Kopf, der selbständig Entscheidungen treffen kann. Wir können uns für Gott entscheiden, aber auch gegen ihn.

Aber damit noch nicht genug: Gott beauftragt uns Menschen sogar, über seine wunderbare Schöpfung zu herrschen. Wir sollen uns die Erde untertan machen, über sie bestimmen. Was für eine Ehre! Was für ein Vertrauen, das Gott mit diesem Auftrag in uns setzt!

Zusätzlich zum Herrschaftsauftrag hat er uns übrigens auch eine Anleitung zum guten Leben gegeben – nämlich seine Gebote. Es wäre für uns alle am besten, wenn jeder sich an diese Regeln Gottes halten würde.
Aber Gott zwingt niemanden dazu.

Wichtiger als eine perfekte Welt mit perfekten Menschen war ihm ganz offensichtlich, dass er eine lebendige Beziehung mit uns haben kann.

Ich würde sagen, das ist eine ziemliche Ehre für uns!

Oder?

Gott muss außerdem wohl sehr zufrieden damit gewesen sein. Schließlich steht am Ende des Schöpfungsberichts, dass Gott alles angesehen hat, was er gemacht hatte. Sein Fazit war eindeutig:
„… sehr gut!“ (1. Mose 1, 31b).

Zum Nachdenken:

1. Wer ist dir wichtiger – dein bester Freund/deine beste Freundin, oder dein Lieblingskuscheltier?
   Kannst du deine Entscheidung begründen?
2. Was hat deine Antwort mit Gottes Beziehung zu den Menschen zu tun?

Lesetipp:

Übrigens – es gibt in der Bibel nicht nur einen Schöpfungsbericht, sondern zwei. Vielleicht wäre jetzt eine gute Gelegenheit, auch den zweiten Bericht über Gottes großartiges Werk zu lesen. Er beginnt direkt nach dem ersten, in 1. Mose 2,4b.

Cliffhanger:

Gott hat den Menschen nicht nur die bekannten Zehn Gebote gegeben. Von ihm stammen auch jede Menge Ratschläge, wie man sein Leben am besten leben kann.

Einen dieser Ratschläge haben schon die allerersten Menschen nicht beachtet.

Darum – und um Vieles mehr – geht es im nächsten Kapitel …

2. WER HAT DEN APFEL ANGEBISSEN?

Der Sündenfall

Jeder kennt es, das Apple-Logo.

Der angebissene Apfel mit dem Blättchen oben dran. Angeblich stammt es aus dem Jahr 1977. Laut der Biografie von Steve Jobbs, dem Gründer von Apple, standen zwei Entwürfe zur Auswahl: ein vollständiger Apfel und ein angebissener. Warum schließlich der „angefressene“ Apfel das Rennen gemacht hat, hatte wohl mehrere Gründe: Der wichtigste war anscheinend derjenige, dass man so den Apfel eindeutig von einer Kirsche unterscheiden konnte. Außerdem fügte sich der angebissene Teil des Apfels so besser auf die früher verwendeten Kassetten ein.[1]

Manche Menschen erinnert der Apple-Apfel aber auch an eine Geschichte aus der Bibel; eine ziemlich bekannte Geschichte, nämlich die von Adam und Eva im Paradies.

Als Gott ihnen verboten hat, von einem bestimmten Baum zu essen und die beiden ersten Menschen es dann doch getan haben.

Eigentlich ist das ziemlich komisch, denn in dieser Geschichte kommt gar kein Apfel vor!

Warum denken dann aber viele Leute ausgerechnet an einen Apfel, wenn sie von dieser Geschichte hören?

---

1 Vgl. https://www.computerwoche.de/a/warum-der-apple-apfel-angebissen-ist,3048689 (abgerufen am 16.04.2021)

Das ist gar nicht so schwer.
Die Bibel ist ja ein ziemlich altes Buch.

Sehr lange schon ist sie für viele Menschen wichtig – früher noch viel mehr als heute. Auch schon vor vielen hundert Jahren war das so. Die Bibel war schon damals für viele Menschen das Heilige Buch, nach dem man sein Leben ausrichten sollte – wie in einer Art Bedienungsanleitung für das Leben aller Menschen.

So weit, so gut.

Es gab aber ein dickes Problem!

Die tollste Bedienungsanleitung bringt nichts, wenn man sie nicht versteht. Was sollten die armen Menschen nur machen, wenn sie ihr ganzes Leben nach einem Buch ausrichten sollten, sie dieses Buch aber gar nicht lesen konnten?

Viele hatten nämlich keine Zeit, auf eine Schule zu gehen, weil sie den ganzen Tag hart für ihren Lebensunterhalt arbeiten mussten. Ja, die Kinder auch. Außerdem gab es gar keine Schulen für gewöhnliche Menschen, sondern nur für Mönche oder die Kinder von Adligen.

In vielen alten Kirchen sieht man Bilder an den Wänden. Oft sind wichtige Szenen aus der Bibel dargestellt, wie zum Beispiel die Wunder von Jesus, die Kreuzigung oder auch die Geschichte von Adam und Eva.

Heute dienen die Bilder als Schmuck. Aber früher wurden die Geschichten der Bibel an die Wände der Kirchen gemalt, damit sich die Menschen diese besser merken konnten – selber nachlesen konnten sie diese Geschichten ja nicht.

Von der Predigt haben sie übrigens nichts verstanden, die war nämlich auf lateinisch.

Die normalen Menschen waren also auf die Bilder angewiesen, wenn sie wissen wollten, was in der Bibel steht.

Auf diesen Bildern wurde die Frucht, von der Eva Adam gab und welche die beiden gegessen haben, meistens als Apfel dargestellt. Vermutlich war das so, weil der Apfel bei uns so verbreitet ist.

Daher kommt also die Vorstellung vom Apfel im Paradies, obwohl in der Bibel gar nichts von einem Apfelbaum steht.

Was ist es dann aber für ein Baum, von dem die beiden probiert haben, obwohl Gott es ihnen doch verboten hatte?

Warum sollten sie denn davon nichts essen?

So steht es in der Bibel:

[1]Die Schlange war listiger als alle anderen Tiere, die Gott, der HERR,
geschaffen hatte. Sie fragte die Frau: „Hat Gott wirklich gesagt, dass ihr
von keinem Baum im Garten essen dürft?“ [2]„Doch, natürlich dürfen
wir die Früchte hier im Garten essen“, erwiderte die Frau. [3]„Nur von
dem Baum in der Mitte hat Gott gesagt: ‚Esst seine Früchte nicht und
berührt ihn auch nicht, sonst müsst ihr sterben.‘“ [4]Doch die Schlange
widersprach: „Nein, ihr werdet nicht sterben, [5]sondern Gott weiß: Sobald
ihr davon esst, werden euch die Augen geöffnet. Dann werdet ihr sein
wie Gott und selbst wissen, was gut und was böse ist.“

[6]Die Frau betrachtete den Baum. Seine Früchte schienen schmack-
haft. Er war eine Augenweide, und es war verlockend, dass er klug ma-
chen sollte. Schließlich pflückte sie eine Frucht und aß. Dann gab sie
auch ihrem Mann davon, und er aß ebenso. [7]Da wurden den beiden
die Augen geöffnet, und sie erkannten, dass sie nackt waren. Deshalb
flochten sie Feigenblätter zusammen und machten sich Lendenschurze
daraus.

[8]Am Abend, als es kühler wurde, hörten sie, wie Gott, der HERR,
durch den Garten ging. Da versteckten sich die beiden vor ihm zwischen
den Bäumen im Garten.

[9]Gott, der HERR, rief nach dem Menschen: „Adam, wo bist du?“
[10]„Ich habe dich im Garten gehört“, antwortete Adam. „Aber weil ich
nackt bin, habe ich Angst bekommen und mich versteckt.“ [11]„Wer hat dir
gesagt, dass du nackt bist?“ fragte Gott. „Hast du etwa von dem Baum
gegessen, dessen Früchte ich dir verboten hatte?“ [12]Adam erwiderte: „Die
Frau, die du mir zur Seite gestellt hast, hat mir von den Früchten des

Baums gegeben. Da habe ich gegessen.“ [13]Daraufhin stellte Gott, der HERR, die Frau zur Rede: „Was hast du da getan?“ Die Frau verteidigte sich: „Die Schlange hat mich verführt. Deshalb habe ich gegessen.“

[14]Da sagte Gott, der HERR, zur Schlange: „Weil du das getan hast, sollst du verflucht sein, du allein von allen Tieren. Auf dem Bauch wirst du kriechen und Staub fressen dein Leben lang! [15]Feindschaft wird herrschen zwischen dir und der Frau und zwischen deinem und ihrem Nachwuchs. Er wird dir den Kopf zertreten, und du wirst ihn in die Ferse beißen.“

[16]Und zur Frau sagte er: „Ich werde deine Schwangerschaften sehr beschwerlich machen. Unter Schmerzen wirst du deine Kinder zur Welt bringen. Du wirst dich nach der Nähe deines Mannes sehnen, aber er wird über dich herrschen wollen.“

[17]Und zum Mann sagte er: „Du hast auf deine Frau gehört und von dem Baum gegessen, dessen Früchte ich dir ausdrücklich verboten hatte. Von nun an wird der Ackerboden deinetwegen unter einem Fluch stehen, und du wirst dich dein Leben lang nur mit Mühe von ihm ernähren. [18]Er wird mit Dornen und Disteln übersät sein – trotzdem wirst du von dem leben müssen, was auf deinen Feldern wächst. [19]Mit Mühe und Schweiß wirst du dir dein Brot erarbeiten, und am Ende wirst du wieder zur Erde zurückkehren, aus der du gemacht wurdest. Denn Staub bist du, und zu Staub sollst du wieder werden!“

[20]Adam gab seiner Frau den Namen Eva („Leben“), denn sie sollte die Mutter allen menschlichen Lebens werden.

[21]Gott, der HERR, machte für Adam und seine Frau Kleider aus Fellen und zog sie ihnen an. [22]Dann sagte er: „Nun ist der Mensch wie einer von uns geworden und kennt Gut und Böse. Es darf nicht sein, dass er jetzt auch noch die Früchte vom Baum des Lebens nimmt und sie isst. Sonst wird er ewig leben.“ [23]So vertrieb Gott, der HERR, den Menschen aus dem Garten Eden und bestimmte ihn dazu, den Erdboden zu bebauen, aus dem er gemacht war. [24]Nachdem Gott ihn weggeschickt hatte, stellte er Kerub-Engel mit lodernden Flammenschwertern vor die Ostseite des Gartens, um den Zugang zum Baum des Lebens zu versperren.
(1. Mose 3, 1-24, Neue Genfer Übersetzung)

Krasse Geschichte, oder?

Die listige Schlange verführt die Frau und den Mann, von den verbotenen Früchten zu essen. Frau und Mann haben ihren freien Willen. Sie entscheiden, nicht auf Gottes Verbot zu hören und von den Früchten zu probieren.

Aus welchen Gründen aber hat Gott ihnen überhaupt verboten, von diesen Früchten zu essen?

Gott sagt ja, dass die Menschen ab jetzt den Unterschied zwischen Gut und Böse erkennen. Sie haben von den Früchten des Baumes gegessen und können ab jetzt zwischen Gut und Böse unterscheiden.

Warum sollten sie das wohl nicht?

Es war wohl einer der Ratschläge, die Gott den Menschen mit auf den Weg gegeben hatte. Er hatte ihnen den freien Willen gelassen, eigene Entscheidungen zu treffen. Er hatte ihnen aber auch Tipps und Gebote gegeben, wie sie am besten durchs Leben kommen würden.

Vielleicht sollten sie diesen Unterschied gar nicht kennen, weil er ihnen nur das Leben schwermachen würde. Bis dahin waren sie schließlich im Paradies, wo es gar nichts Böses gab. Sie hatten bis dahin vermutlich gar keine Gelegenheit, das Böse kennenzulernen.

Das sollte sich ab jetzt ändern.

Gott vertreibt die Menschen aus dem Paradies. Die Frau muss unter Schmerzen Kinder auf die Welt bringen, der Mann muss mühsam den Lebensunterhalt verdienen.

Auch an dieser Geschichte erkennt man die Liebe Gottes zu seinen Menschen. Obwohl er sie gewarnt hat, haben sie gegen sein Verbot verstoßen. Obwohl er ihnen angekündigt hatte, dass sie dann sterben müssten, verschont er Adam und Eva.

Er bestraft sie zwar, um die Wichtigkeit seiner Gebote zu unterstreichen. Aber sie dürfen weiterleben und sogar ziemlich alt werden.

Zum Nachdenken:

1. Stimmt das überhaupt? Verstehen wir Menschen auch heute noch den Unterschied zwischen Gut und Böse?
2. Welche Rolle spielt eigentlich die Schlange in dieser Geschichte? Trägt sie nicht vielleicht sogar den größeren Teil der Schuld, weil sie die Menschen verführt hat?
3. Gott stellt fest, dass der Mensch durch seine Tat jetzt den Unterschied zwischen Gut und Böse kennt. Durch das Essen der verbotenen Frucht hat er dieses Wissen erlangt. Was wäre wohl passiert, wenn die Menschen auch noch von den Früchten des anderen Baumes gegessen hätten?

Cliffhanger:

Als Adam und Eva das erste Mal gegen Gottes Gebote verstoßen haben, ist das Böse in die Welt gekommen. Die Menschen haben gezeigt, dass sie ihren freien Willen auch gegen Gott einsetzen – und sich damit selber schaden und Gott weh tun.

Trotzdem hat Gott nichts unversucht gelassen, seine Menschen immer wieder in die richtige Spur zu bringen. Er hat sich eine ganze Menge dazu einfallen lassen. Zum Beispiel seine Deals mit uns. Mehr dazu gibt`s im nächsten Kapitel …

3. BEST DEALS!

Gottes Bünde mit den Menschen

Ein Dealer ist ein Krimineller. Jemand, der mit illegalen Drogen handelt. Zumindest verstehen viele Siebtklässler einer durchschnittlichen Realschule diesen Ausdruck so. Damit haben sie zum Teil durchaus recht.

Der Ausdruck „Deal“ oder „Dealen“ wird tatsächlich oft im Zusammenhang mit Drogen verwendet. Das englische Wort Deal kann man aber ganz allgemein mit Handel übersetzen. Man macht einen Handel, trifft eine Abmachung oder schließt ein Abkommen. Vielleicht verhandelt man miteinander, wird sich einig und macht dann einen Deal.

Man könnte auch sagen, dass man einen Vertrag macht oder – etwas altmodischer – dass man einen Bund schließt. Im Prinzip ist damit das gleiche gemeint wie einen Deal machen. Es gibt eher unwichtige Deals, Verträge und Bünde, aber auch ganz wichtige und entscheidende.

Wie zum Beispiel den sogenannten Bund fürs Leben, wenn zwei Menschen heiraten. Auch bei diesem Bund werden sich zwei Menschen über etwas einig. Diesmal geht es aber nicht um etwas Geschäftliches, sondern um das ganze Leben. Ehepartner versprechen sich gegenseitige Liebe und Treue. Sie werden sich darüber einig. Auch die Ehe ist also ein Deal, eine Abmachung.

Auch in der Bibel gibt es Deals!
Gott macht Deals mit seinen Menschen.
Er schließt einen Bund mit ihnen.
Nicht nur einmal, sondern immer wieder. Durch diese Deals hat er den Menschen immer wieder die Gelegenheit zu einem Neustart gegeben. Diese Deals sollen den Menschen gleichzeitig Mahnung und Ermutigung sein.

Man kann daran sehr leicht erkennen, wie wichtig wir Menschen für Gott sind. Sonst hätte er sich bestimmt nicht immer wieder etwas Neues einfallen lassen, um mit seinen geliebten Menschen in Kontakt zu bleiben.

Diese Art von Bund zwischen Gott und den Menschen ist übrigens etwas ganz Besonderes: Es ist keine Abmachung unter Gleichberechtigten wie zum Beispiel bei einer Hochzeit oder einem Geschäft. Es gibt auch nichts zu verhandeln oder zu diskutieren.[2]

Die Bünde Gottes mit den Menschen sind viel mehr. Es sind Angebote an uns; Versprechungen, die Gott uns macht und an die er sich selber gebunden fühlt.

Manche dieser Versprechungen sind uralt. Sie stammen aus der Zeit des Alten Testamentes. Andere sind neuer. Sie sind aus der Zeit von Jesus und nur ungefähr 2000 Jahre alt.☺
Aktuell sind sie aber alle noch, egal wie alt sie sind.

An diesen Deals Gottes mit den Menschen kann man ganz leicht erkennen, wie die einzelnen Teile der Bibel miteinander zusammenhängen. Obwohl die verschiedenen Bücher und Texte teilweise zu ganz unterschiedlichen Zeiten geschrieben wurden, gibt es doch einen inneren Zusammenhang; einen roten Faden, der sich durch mehr oder weniger alle Bücher der Bibel zieht.

Den ersten dieser Bünde schließt Gott mit Noah. Dieser Bund steht ganz unter dem Eindruck der gerade überstandenen Sintflut. Alles Leben auf der Erde wurde ausgelöscht, regelrecht ersäuft. Warum Gott sich hier so gnadenlos konsequent zeigt, ist uns aus heutiger Sicht ein Rätsel. Weil die Menschen seine guten Regeln missachtet haben, entschließt er sich, fast das gesamte Leben wieder auszulöschen. Gerettet werden nur die Passagiere der Arche.

---

2 vgl. https://www.bibelwissenschaft.de/bibelkunde/themenkapitel-at/bund/ (abgerufen am 24.09.2021)

Das ist nicht nur konsequent, sondern auch ziemlich brutal. Warum Gott hier so grausam handelt, wissen wir nicht. Es widerspricht unserer Vorstellung vom „lieben“ Gott doch ziemlich! Es ist eine dieser ungelösten Fragen, auf die wir wohl keine Antwort finden werden. Einige solcher Fragen ziehen sich ebenfalls durch die ganze Bibel – ähnlich wie die Bünde Gottes mit den Menschen.

Gottes erster ausdrücklicher Bund mit den Menschen ist also derjenige mit Noah. Er besteht in der bedingungslosen Zusage Gottes, dass er niemals wieder das ganze Leben zerstören wird. Solange die Erde besteht, soll es die Jahreszeiten geben, soll es immer wieder Tag und Nacht werden, Frost und Hitze sollen sich abwechseln. Als Zeichen dafür stiftet Gott den Regenbogen. Das bunte Farbenspiel soll uns gerade bei grauem Regenwetter an diesen Bund und die Zusage Gottes erinnern.

Auch mit Abraham, dem Stammvater der drei Weltreligionen Judentum, Christentum und Islam, schließt Gott einen Bund. Er verspricht dem 99-Jährigen, der bisher mit seiner Frau keine leiblichen Nachkommen hat, dass er zum Stammvater vieler Völker werden wird – ein Versprechen, dass wirklich schwer zu glauben ist. Auch Abrahams Frau Sara ist immerhin schon 90 Jahre alt. Selbst für eine Risiko-Schwangerschaft ist das doch ein bisschen viel!

So berichtet uns die Bibel von diesem Versprechen Gottes:

[1]Als Abram 99 Jahre alt war, erschien ihm der HERR und sagte zu ihm:
„Ich bin der allmächtige Gott. Geh deinen Weg mit mir und lebe so,
wie es in meinen Augen recht ist. [2]Ich will zu meinem Bund mit dir
stehen und dir unzählbar viele Nachkommen schenken.“ [3]Da warf sich
Abram zu Boden, und Gott sprach weiter zu ihm: [4]„Ich verspreche dir:
Du wirst zum Stammvater vieler Völker werden. [5]Darum sollst du von
nun an nicht mehr Abram (‚erhabener Vater‘) heißen, sondern Abraham
(‚Vater der Völkermenge‘). [6]Ich werde dir so viele Nachkommen geben,
dass zahlreiche Völker daraus entstehen – sogar Könige sollen von dir

abstammen! [7]Dieser Bund gilt für alle Zeiten, für dich und für deine Nachkommen. Es ist ein Versprechen, das niemals gebrochen wird: Ich bin dein Gott und der Gott deiner Nachkommen, [8]und ich gebe euch das ganze Land Kanaan, wo ihr bisher nur Fremde seid. Ihr werdet es für immer besitzen, und ich werde euer Gott sein. (...)"
(1. Mose 17, 1-8, Hoffnung für alle)

Obwohl Gott den beiden Alten schon zuvor versprochen hatte, dass sie noch Eltern werden würden, konnten sie es nicht so richtig glauben. Die Bibel berichtet weiter, dass Abraham, und später auch Sara, heimlich lachten, als Gott ihnen sagte, dass Sara in ihrem Alter noch einen Sohn zur Welt bringen würde.
Aber auch davon lässt sich Gott nicht beirren: Innerhalb eines Jahres wird Sara tatsächlich schwanger und bringt dann auch erfolgreich einen kleinen Jungen zur Welt. Den Namen für den kleinen Burschen hat Gott schon vorher ausgesucht – ziemlich passend, übrigens: Abraham und Sara sollten ihren Sohn *Isaak* nennen. Übersetzt heißt das: Lachen oder Gelächter!

Gott verspricht Abraham und Sara aber nicht nur viele Nachkommen. Er verheißt diesen Nachkommen auch den Besitz des Landes Kanaan, obwohl Abraham damals noch ganz woanders wohnt!

Beide Versprechen Gottes erfüllten sich auf wundersame Weise: Aus Abrahams Nachkommen entstand tatsächlich das Volk Israel – ein Volk, das heute (wieder) im ehemaligen Land Kanaan lebt.

Es gibt bekanntlich viele Völker und Nationen auf der Welt. Warum Gott sich speziell ein Volk ausgesucht hat, bleibt wohl sein Geheimnis. Auch weshalb seine Wahl auf Israel gefallen ist, wissen wir nicht.

In 1. Mose 19 wird von diesem neuen Deal Gottes mit seinem Volk berichtet. ER verspricht ihnen, dass sie sein auserwähltes Volk sein werden. Dafür gibt er ihnen eine ganze Reihe von Regeln, an die sie sich halten sollen. Die wichtigsten davon kennen wir noch heute, nämlich die Zehn Gebote.

Leider schaffen es die Israeliten oft nicht, sich an diese Regeln zu halten. Die abenteuerliche und teils auch sehr unglückliche Geschichte Israels durch die Jahrtausende zeigt, wie Gott sein Volk immer wieder ermahnt und es auch bestrafen muss. Es wird aber auch deutlich, dass er es nie ganz aufgegeben hat.

Aus diesem Grund schickt er ihnen immer wieder Leute, die es ermahnen sollen. Diese Boten Gottes nennt man auch Propheten.

Viele Worte, Reden und Taten dieser Propheten wurden aufgeschrieben. Einige dieser Propheten verkünden schon zur Zeit des Alten Testaments Gottes großes Vorhaben mit dem Volk Israel – ja mit der ganzen Menschheit!

Ein Retter wird versprochen und es wird auch schon vorhergesagt, dass dieser Retter später einmal in Bethlehem geboren werden wird.

Dieser angesagte Retter ist Jesus Christus. Er wird einen neuen Deal mit uns machen. Er wird einen neuen Bund eingehen – einen Bund, zu dem sämtliche Menschen eingeladen sind! Dieser Bund besteht darin, dass Jesus sich für uns opfern wird. Mit seinem freiwilligen Tod am Kreuz bezahlt er für all unsere Schuld.

Im Abendmahl denken Christinnen und Christen auf der ganzen Welt genau daran – an diesen neuen Bund Gottes mit uns Menschen: Jesus selbst hat uns dazu aufgefordert, so wie hier:

23 In der Nacht, in der unser Herr Jesus verraten wurde, nahm er ein Brot, 24 dankte Gott dafür, brach es in Stücke und sprach: „Das ist mein Leib, der für euch hingegeben wird. Feiert dieses Mahl immer wieder und denkt daran, was ich für euch getan habe, sooft ihr dieses Brot esst!“ 25 Ebenso nahm er nach dem Essen den Kelch mit Wein, reichte ihn seinen Jüngern und sprach: „Dieser Kelch ist der neue Bund zwischen Gott und euch, der durch mein Blut besiegelt wird. Sooft ihr aus diesem Kelch trinkt, denkt an mich und an das, was ich für euch getan habe!“
(1. Kor 11, 23-25, Hoffnung für alle)

Zum Nachdenken:

Du kennst bestimmt die Namen der beiden großen Teile der Bibel. Altes Testament und Neues Testament. Das Wort Testament geben manche Bibelübersetzungen auch mit Bund wieder. Die großen Teile der Bibel kann man also auch als Alten Bund und Neuen Bund bezeichnen.

Daran kann man sehen, wie wichtig diese Bünde sind, die Gott mit seinen Menschen geschlossen hat.

Gott macht also einen großen Deal mit uns.

Lassen wir uns darauf ein?

Lesetipp:

Im Alten Testament, beim Propheten Jeremia wird der neue Bund, der mit Tod und Auferstehung von Jesus Christus dann verwirklicht wurde, bereits angekündigt. Gerne selbst nachlesen, es sind nur wenige Verse, sie stehen in Jeremia 31, 31-37.

Cliffhanger:

Im Zusammenhang mit dem Bund am Sinai gibt Gott seinem Volk ganz bestimmte Regeln. Diese Regeln gehören wohl mit zu den bekanntesten Texten der Bibel. Es handelt sich um die Zehn Gebote – so eine Art Grundgesetz Gottes.

Genau darum geht es im nächsten Kapitel.

4. DAS „GRUNDGESETZ GOTTES“

Die Zehn Gebote

So – oder zumindest so ähnlich – könnte es gewesen sein, damals:

Joel schwitzt.
Es ist drückend heiß.
Die Sonne steht hoch am Himmel und keine Wolke ist dort zu sehen. Ein heißer Wind bläst einen abgerissenen Dornbusch durch die staubigen Zeltgassen, ansonsten bewegt sich nichts.

Eine unnatürliche Ruhe liegt über dem riesigen Flüchtlingslager mitten in der Wüste. Bedrückt liegen die Bewohner im spärlichen Schatten der ausgebleichten Zelte und warten. Ein paar kleine Kinder wissen nichts vom Ernst der Lage; sie spielen im Staub vor einem der Zelte und kichern leise, bis ein Wink der Großmutter auch sie wieder zur Ruhe bringt. Wieder versinkt das Lager in unheimlichem Schweigen.

Von fern hört man das unwillige Murren der riesigen Viehherden. Auch den Kühen und Kamelen ist es zu heiß hier. Und offensichtlich spüren auch die Tiere etwas von der unheimlichen Spannung, die über dem ganzen Lager zu liegen scheint. Immer wieder richten sich sorgenvolle Blicke auf den riesigen, kahlen Berg, der sich gegenüber dem Lager in den heißen Wüstenhimmel reckt und der in den letzten Tagen immer wieder gewaltige Naturschauspiele geboten hat.

Joel ist erschrocken, wie noch nie zuvor in seinem Leben. Wolken, Blitz und Donner gab es da zu sehen – und das alles mitten in der Wüste, und ohne einen Tropfen Regen – wie ein Zeichen von einem gewaltigen Gott.

Mensch und Material sind die Strapazen der letzten Zeit deutlich anzusehen. Vor allem die Alten und Kranken sehen sehr mitgenommen aus, wenn sie auf der wilden Flucht und den damit verbundenen Entbehrungen nicht schon gestorben sind und begraben wurden.

Auch Joel hat seinen Großvater verloren. Noch vor Erreichen der Wüste mussten sie ihn begraben.

Aber auch den Jungen und Gesunden sieht man die Strapazen an. Wochenlange Wanderungen durch Gluthitze, über Steine, Felsen und Dornen, immer wieder von feindlichen Völkern angegriffen und verfolgt.

Mehr als einmal waren sie dem Tod durch Verhungern und Verdursten nahe, und oft schon haben sie gegen ihren Führer geschimpft. Viele meinten sogar, da wären sie leichter als Sklaven beim König von Ägypten geblieben, als hier sinnlos in der Wüste zu verrecken.

Aber irgendwie war es auch komisch: Immer genau dann, wenn die Lage besonders aussichtslos war, haben sie auf wundersame Art und Weise Hilfe erhalten.

Feinde wurden durch gewaltige Naturereignisse vernichtet, als hätte ihnen ein übermächtiger Gott zur Seite gestanden. So versanken die Streitwagen der Ägypter im Wasser, während kurz vorher der ganze lahme Flüchtlingstreck samt allen Omas, Opas und den riesigen Viehherden trockenen Fußes durch die Schneise in der Meerenge gezogen war.

Da fiel während einer Hungersnot auf einmal Brot vom Himmel und selbst ein trockener Wüstenfelsen spuckte frisches Wasser.

Ja, viel haben sie erlebt auf ihrer langen Flucht durch menschenfeindliches Gelände.

Sollten ihre Strapazen hier ein Ende haben?

War die ganze Flucht vergebens und würde sie ihr mächtiger Gott hier nun im Stich lassen?

Oder was würde er ihnen mitteilen?

So oft schon hatten sie gegen seinen Willen verstoßen. Was würde Mose, ihr Anführer für eine Nachricht von dem gewaltigen Berg Sinai mit herunterbringen? Von diesem Berg, auf den er gestiegen war, und dem sich das ganze Volk nicht einmal nähern durfte?

Auf einmal hört Joel einen lauten Ruf, und gleich darauf noch einen. Offenbar haben die aufgestellten Späher ihren zurückkehrenden Führer erspäht. Eine gewaltige Aufbruchsstimmung erfasst das ganze Lager und innerhalb weniger Minuten steht eine riesige Menschenmenge auf der staubigen Ebene vor dem Berg und erwartet gespannt, was ihr Führer ihnen mitzuteilen hat …

Joel hat nicht zu viel erwartet. Was er gleich hören wird, sind Maßstäbe, welche die Welt verändern werden; es sind geniale Regeln, die auch nach mehreren tausend Jahren nichts von ihrer Bedeutung verloren haben; es sind die berühmten Zehn Gebote – so eine Art Grundgesetz Gottes!

Ob Joel und die anderen Israeliten die Tragweite dieser Regeln wohl damals schon begriffen haben?

Vermutlich eher nicht!

Vielleicht war er auch ein bisschen enttäuscht über die beiden Steintafeln mit den Geboten, die Mose vom Berg Sinai mit herunterbrachte. Er konnte schließlich nicht gewusst haben, wie grundsätzlich viele dieser Regeln für das Zusammenleben von Menschen auf nahezu der ganzen Welt werden würden.

Gesetze sind Regeln, an die man sich halten muss.

In Deutschland gibt es viele tausend Gesetze. Kein Mensch kennt alle diese Regeln auswendig. Verstehen kann man sie auch nicht so leicht. Gott sei Dank gehen viele dieser Gesetze die meisten Menschen aber nicht direkt etwas an.

Das wichtigste Gesetz in Deutschland ist übrigens das so genannte Grundgesetz. Man nennt es auch Verfassung. Dieses Grundgesetz kann man sich sogar kostenlos bestellen.[3] Vergleicht man das Grundgesetz mit allen anderen Gesetzen, ist es relativ kurz. Trotzdem ist es immer noch ein Buch mit knapp 100 Seiten.

---

3 Unter www.bpb.de

Wer sich näher mit den ganzen Gesetzen befassen möchte, der muss viele Jahre Jura studieren – und sich dann noch spezialisieren, weil kein Mensch bei allen Gesetzen, Regeln und Verordnungen den Durchblick haben kann.

Gott macht es uns viel einfacher. Er hat uns auch ein Grundgesetz gegeben. Dafür braucht er aber keine hundert Seiten, sondern nur zwei Steintafeln! Schon Jugendliche können sie sich relativ einfach merken, die wenigen Regeln, die Gott uns gegeben hat: Die Zehn Gebote!

In etwas ausführlicherer Version stehen sie so in der Bibel:
[2]*»Ich bin der HERR, dein Gott, der dich aus der Sklaverei in Ägypten*
befreit hat.

[3]*Du sollst keine anderen Götter neben mir haben.*

[4]*Du sollst dir keine Götterbilder anfertigen, indem du etwas nach-*
bildest, das sich am Himmel, auf der Erde oder im Meer befindet. [5]*Wirf*
dich nicht vor ihnen nieder und verehre sie nicht. Denn ich, der HERR,
dein Gott, bin ein leidenschaftlicher Gott, der keinen neben sich duldet.
Diejenigen, die mich ablehnen, ziehe ich dafür zur Rechenschaft. Selbst
ihre Nachkommen werden die Folgen noch bis in die dritte und vierte
Generation spüren. [6]*Aber denen, die mich lieben und nach meinen Ge-*
boten leben, tue ich Gutes über Tausende von Generationen.

[7]*Du sollst den Namen des HERRN, deines Gottes, nicht missbrau-*
chen. Denn der HERR wird niemand ungestraft lassen, der seinen Na-
men missbraucht.

[8]*Du sollst den Ruhetag einhalten und als heiligen Tag achten.* [9]*Du*
hast sechs Tage, an denen du all deine Arbeit verrichten kannst. [10]*Aber*
der siebte Tag ist ein Ruhetag, der dem HERRN, deinem Gott, gehört.
An diesem Tag sollst du nicht arbeiten. Das gilt auch für deine Söhne
und Töchter, deine Knechte und Mägde, dein Vieh und die Fremden,
die bei dir leben. [11]*Denn der HERR schuf den Himmel, die Erde und*
das Meer mit allen Lebewesen, die sie bevölkern, in sechs Tagen, und
am siebten Tag ruhte er. Darum segnete der HERR den Ruhetag und
erklärte ihn für heilig.

12 *Du sollst deinen Vater und deine Mutter ehren. Dann wirst du lange in dem Land leben, das der HERR, dein Gott, dir gibt.*
13 *Du sollst nicht morden.*
14 *Du sollst nicht die Ehe brechen.*
15 *Du sollst nicht stehlen.*
16 *Du sollst keine falsche Aussage über deinen Mitmenschen machen.*
17 *Du sollst nicht begehren, was deinem Mitmenschen gehört. Gib der Begierde danach keinen Raum, ganz gleich, ob es sich um seine Frau, seine Knechte und Mägde, seine Rinder und Esel, oder um irgendetwas anderes handelt.«*
(2. Mose 20, 2-17, Neue Genfer Übersetzung)

God's Billboards!

Ein Billboard ist eine riesige Werbetafel, wie man sie vielleicht aus amerikanischen Spielfilmen kennt. Vor einiger Zeit machte eine christliche Kirche auf solchen Werbetafeln Werbung für den christlichen Glauben.

„God's Billboards" nannten sie die Kampagne.

Die Kirche überlegte sich freche Sprüche, mit denen sich ihrer Vorstellung nach Gott an die Menschen richten könnte. Diese Sprüche wurden auf Billboards abgedruckt, so dass viele Menschen sie lesen konnten. Unter jedem dieser Sprüche stand „God", als Signal dafür, von wem der Spruch stammen sollte.

Einer dieser Sprüche hieß: *What part of „You shalt not ..." didn't you understand?* Auf Deutsch bedeutet das: *Welchen Teil von „Du sollst nicht ..." hast du nicht verstanden?*

Damit sollten wohl vor allem diejenigen Menschen angesprochen werden, die Gottes Gebote angeblich nicht verstehen. Dabei ist das meistens eine ziemlich faule Ausrede. Schwer zu verstehen sind sie nämlich wirklich nicht, die Zehn Gebote. Allerdings ist es bestimmt nicht immer ganz einfach, alle Gebote einzuhalten. Am mangelnden Verstehen der Spielregeln Gottes kann es aber eigentlich nicht liegen.

Die besten Erfindungen sind einfach genial. Oder genial einfach!

So ist es auch mit dem Grundgesetz Gottes. Auch dieses ist genial einfach. Es sind Regeln, die sich jeder Mensch leicht merken kann.

Und es sind Regeln, welche unsere Welt besser machen können – und es in vielen Bereichen auch schon getan haben. Nicht umsonst finden sich viele dieser Regeln auch in den Gesetzen zahlreicher Länder.

Zum Nachdenken:

Überleg' doch mal, welche der Zehn Gebote es bis in unser Gesetz geschafft haben. Und in die Gesetze vieler anderer Länder.

Gott hat aber offensichtlich höhere Ansprüche an uns Menschen als die Polizei oder die Gerichte. Er ist erst dann zufrieden, wenn es allen Menschen möglichst gut geht. Genau das ist der Sinn hinter den Zehn Geboten.

Lesetipp:

Wem die Zehn Gebote immer noch zu lang sind – kein Problem. Jesus selbst hat die Gebote Gottes noch kürzer zusammengefasst. Vielleicht hast du Lust, dies selbst nachzulesen, zum Beispiel in Matthäus 22, 34-40.

Cliffhanger:

Gott hat seinem Volk aber nicht nur Gebote gegeben. Er hat sie auch aus großer Gefahr gerettet – nicht nur einmal! Eine besonders eindrückliche Geschichte hat Gideon erlebt. Aber lest am besten selbst weiter, im nächsten Kapitel …

5. YES – HE CAN!

Gideon

Möglichst „cool“ sein ist in!

Ein tolles Aussehen, viele Freunde und Follower. Wer hat das nicht gerne? Wer gut ankommt bei Freunden und Gleichaltrigen, der fühlt sich nicht nur besser, er kommt auch leichter durchs Leben – durchs private, aber auch durchs schulische und berufliche Leben! Sind nicht auch wir selbst ganz schnell dabei, Menschen zu beurteilen und zu bewerten: Wer ist „cool“, und wer ist eher ein „Loser“?

An ganz verschiedenen Stellen der Bibel wird deutlich, dass Gott ein besonderes Interesse gerade an den „Losern“ hat; an den Armen und Schwachen, an den Ausgestoßenen, Kranken und Verachteten und auch an den Verlierern. Immer wieder wird deutlich, wie er sich ganz besonders um die Hilfsbedürftigen kümmert und ihn ihr Schicksal nicht kalt lässt.

Ganz im Gegenteil!

Auch sein Volk ermahnt er immer wieder zur Nächstenliebe und zur Barmherzigkeit gegenüber Ärmeren und Schwächeren.

Aber damit nicht genug: Gott sucht sich oft gerade die unbedeutenden, kaum beachteten Menschen heraus, um mit ihnen Großes zu bewirken.

Mose ist ein solches Beispiel; bevor Gott ihn zum Anführer seines Volkes gemacht hat, hat Mose doch tatsächlich einen Mord begangen; er hat einen Ägypter umgebracht und sich sogar dabei beobachten lassen. Mose war auch kein großer Redner, er hatte regelrecht Angst davor, vor Leuten zu sprechen. Und ausgerechnet diesen Typen hat Gott sich ausgesucht, um sein Volk aus Ägypten zu führen.

Oder der berühmte König David. Gott hat ihn zum zukünftigen König über Israel bestimmt, obwohl er noch sehr jung war. So jung, dass sein eigener Vater ihn beinahe vergessen hatte, als der Prophet Samuel ihm gesagt hat, er solle alle seine Söhne holen. Als erwachsener Mann hat er dann einen seiner eigenen Soldaten in den sicheren Tod geschickt, nur damit er ihm die Frau wegnehmen konnte.

Auch die Jünger Jesu waren vor ihrer Berufung arme Fischer gewesen – und Jesus selbst war als uneheliches Kind unter mehr als fragwürdigen Umständen auf die Welt gekommen.

Ohne Probleme könnte man viele weitere Beispiele aufzählen; Beispiele, wo Gott mit schwachen, unbedeutenden Menschen Großes geschafft hat.

Auch so ein Beispiel ist Gideon.

Gideons Geschichte spielt zu einer Zeit, die nicht ganz einfach war für das Volk Israel. Die zwölf Stämme, aus denen das Volk damals bestand, waren auf abenteuerliche Weise aus Ägypten geflohen. Während ihrer langen Wanderung durch die Wüste hatten sie in unzähligen Abenteuern die Hilfe Gottes erfahren und auch die Zehn Gebote erhalten. Sie hatten mittlerweile auch ihr Land erobert.

Einen eigenen König und damit einen richtigen Staat hatten sie aber noch nicht.

Regiert wurden sie vielmehr von so genannten Richtern, von denen es eine ganze Reihe gab. Immer wieder wurde das Volk auch von anderen Völkern angegriffen und mussten sich verteidigen.

Es muss eine gewaltige Übermacht an Midianitern gewesen sein, die Israel überfallen hat, als Gideon ins Spiel kommt.

Seit sieben Jahren schon sind die Midianiter und andere Völker immer wieder in Israel eingefallen, so dass die Israeliten sich in Felsen und Höhlen verstecken müssen und kaum noch etwas zu essen haben.

In dieser Situation wendet sich Gott an Gideon.

Gideon stammt aus dem Stamm Manasse, dem kleinsten der zwölf Stämme. Gideon ist außerdem der jüngste Sohn seines Vaters. Daher kann er es kaum glauben, dass Gott ausgerechnet ihn beauftragen möchte, sein Volk zu retten. Als Gott sich an Gideon wendet, stellt Gideon ihm die altbekannte Frage, warum Gott sein Volk so leiden lässt. Er möchte wissen, wie es sein kann, dass Gott seinem Volk nicht hilft, wenn es Hilfe nötig hat.

Eine zufriedenstellende Antwort auf diese Frage liefert Gott Gideon nicht. Trotzdem lässt Gott sich nicht beirren. Er beauftragt Gideon mit dem Kampf gegen die Feinde Israels. Weil Gideon ihm nicht so recht glauben will, erfüllt Gott ihm sogar mehrere Forderungen, als Beweis, dass er es ernst meint.

Als Gideon schließlich eine Streitmacht aufstellt, um gegen die Midianiter zu kämpfen, versammeln sich 32.000 Mann. Das klingt erstmal nach ziemlich viel Manpower!

Gegen die 135.000 Midianiter waren das aber verschwindend wenige. Trotzdem sagt Gott zu Gideon, dass er zu viele Männer habe. Gott möchte Gideon nämlich zeigen, dass er allein den Sieg schenken kann – und dass es in diesem Fall nicht auf die Anzahl der Kämpfer ankommt. Deswegen sagt er zu Gideon, er solle alle diejenigen Männer wieder nach Hause schicken, die Angst haben.

22.000 Mann verlassen daraufhin Gideon, nur 10.000 bleiben bei ihm. Bei diesem Verhältnis muss es ein Mann Gideons mit mehr als 13 Männern aus Midian aufnehmen.

Kein besonders gutes Verhältnis, oder?

Trotzdem besteht Gott darauf, dass Gideon immer noch zu viele Männer hat! Gideon soll sie zu einem Bach führen und die Männer trinken lassen. Dabei soll er genau zuschauen, wie sie das anstellen. Nur wer das Wasser mit der Hand schöpft und dabei vermutlich wachsam bleiben kann, darf bei Gideon bleiben. Der ganze Rest wird wieder nach Hause geschickt.

Gideon bleiben so nur 300 Männer!

300 Männer, die offensichtlich alles andere als kampferprobte Soldaten sind!

Alle anderen können gehen.
300 gegen 135.000!

Es muss schon ein ziemlich gut durchdachter Plan dahinterstecken, wenn dieser tatsächlich aufgehen soll.

Tatsächlich ist er genial, dieser Plan!
So steht es in der Bibel:

15… Dann kehrte er ins israelitische Lager zurück und rief: „Los! Der
HERR gibt die Midianiter in eure Gewalt!“ 16Er teilte seine 300 Sol-
daten in drei Gruppen und gab jedem Mann ein Signalhorn und einen
Krug mit einer Fackel darin. 17„Stellt euch rings um das ganze Heerla-
ger auf“, befahl er, „und achtet genau auf das, was ich tue! 18Wenn ich
mit meinen Leuten zu den Wachposten komme, blasen wir die Hörner.
Sobald ihr das hört, tut ihr das Gleiche und schreit laut: ‚Wir kämpfen
für den HERRN und für Gideon!‘“ 19Gideon erreichte mit seinen 100
Mann den Rand des Lagers, als die mittlere Nachtwache begann und
die Posten gerade abgelöst worden waren. Da bliesen sie die Hörner und
zerschlugen ihre Krüge. 20Sofort taten die Männer der beiden anderen
Abteilungen das Gleiche. In der rechten Hand hielten sie die Hörner, in
der linken die Fackeln und riefen: „Wir kämpfen für den HERRN und
für Gideon!“ 21Dabei blieben sie rings um das Heerlager stehen. Die
feindlichen Soldaten liefen durcheinander, schrien und versuchten zu
entkommen. 22Während die 300 Israeliten die Hörner bliesen, ließ der
HERR überall im Lager Kämpfe unter den Verbündeten ausbrechen.
Schließlich floh das ganze Heer in Richtung Bet-Schitta, Zereda, Abel-
Mehola und Tabbat.
(Richter 7, 15-22, Hoffnung für alle)

Na, zu viel versprochen?

Dieser Plan ist doch tatsächlich genial. Durch den nächtlichen Überfall mit Fackeln und Hörnern waren die Feinde offensichtlich so überrascht worden, dass sie total verwirrt gewesen sein müssen. Vermutlich haben sie die Zahl der Angreifer weit überschätzt und sind deshalb in Panik verfallen; in solche Panik, dass sie noch nicht einmal mehr Freund von Feind unterscheiden konnten und sich gegenseitig angriffen.

Ok, Gott hat vermutlich noch zusätzlich ein bisschen Verwirrung gestiftet. Aber trotzdem, man muss sich das ganze Spektakel mal vorstellen.

Ganz schön krass muss es zugegangen sein!

So recht zu unserer Vorstellung vom „lieben Gott" will sie auch nicht passen, diese Geschichte, in der so viele Menschen gewaltsam ums Leben kommen. Die Fortsetzung in den nächsten Versen ist übrigens noch um Einiges deutlicher, was die Gewaltanwendung angeht.

Seit Jesus gibt es zwar das Gebot der Feindesliebe, aber auch das erklärt nicht, warum Gott vorher so viel Gewalt zugelassen, angeordnet und auch angewendet hat. Dieser Widerspruch bleibt bestehen, so ehrlich muss man sein, wenn man sich ernsthaft mit der Bibel beschäftigt.

Es bleibt aber auch die Grundlinie, dass Gott sich wieder einmal einen unbedeutenden Menschen ausgesucht hat, um Großes durch ihn, mit ihm und an ihm zu vollbringen.

Gideon hat sich von Gott benutzen lassen, er hat seinen Auftrag ausgeführt.

Gott hat Gideon gezeigt, dass ihm sein Volk nicht egal ist. Er hat sein Volk gerettet – obwohl die Zahlen so deutlich gegen ihn gesprochen haben.

Gott hat damit zwei Dinge bewiesen: dass er ein besonderes Herz für die Unbedeutenden und Geringen hat; und dass ihm alles – aber auch wirklich alles – möglich ist!

Yes, HE can!

Zum Nachdenken:

1. Es ist sehr beeindruckend, wie weit man zum Beispiel das Licht einer Kerze erkennen kann, wenn es wirklich stockdunkel ist. Die Angaben sind nicht ganz einheitlich, aber man sieht es auf jeden Fall mehrere Kilometer weit!

2. Zur Zeit von Gideon gab es bekanntlich keinerlei elektrisches Licht; während des Angriffs war es vermutlich wirklich rabenschwarze Nacht. Umso beeindruckender müssen diese 300 Fackeln gewirkt haben, verbunden mit dem Getöse, das die 300 Hörner gemacht haben müssen.

   Stell dir doch mal vor, du wärst Regisseur; dein Beruf wäre es, Spielfilme zu machen. Wenn es dein Auftrag wäre, einen Spielfilm über Gideon zu drehen, wie würdest du die Szene vom Angriff auf das Lager darstellen?

   - Wie viele Schauspieler brauchst du dafür?
   - Welche Materialien sind nötig?
   - Wo lässt du diese Szene filmen?
   - Wie sieht's aus mit der Beleuchtung? Es war ja schließlich Nacht?
   - Welchen Sound machen wohl die dreihundert Hörner?

3. Es gibt heute auch eine Organisation, die sich *Gideonbund* nennt. Vielleicht hast du Lust herauszufinden, was diese Organisation macht. Kannst du dir vorstellen, warum sich diese Organisation ausgerechnet nach Gideon benannt hat?

Lesetipp:

Du möchtest genauer wissen, wie das war, als Gott sich an Gideon gewandt hat? Welche Tests Gideon mit Gott gemacht hat und wie er sich davon hat überzeugen lassen, dass es wirklich Gott ist, der da mit ihm redet?

Dann lies am besten noch den „Vorspann“ zu unserem Text, nämlich in Richter 6, 11-39.

Cliffhanger:

Dass Gott nicht nur ein Kriegsherr ist, der sich tolle Schlachtpläne ausdenken und Kriege gewinnen kann, das wird auch im nächsten Kapitel deutlich.

Gott, sein Wirken in der Welt und auch in unserem Leben bleibt uns manchmal ein Geheimnis. Ein Geheimnis, das ziemlich schwer zu ertragen sein kann. Davon handelt das nächste Kapitel!

6. FETTES FRAGEZEICHEN!

Hiob

Ein Fragezeichen steht immer am Ende einer Frage! Ein Fragezeichen zeigt an, dass man auf eine Antwort wartet. Es macht deutlich, dass noch etwas fehlt, dass etwas noch nicht komplett ist.

Manche Fragezeichen finden sich dort, wo Wissen überprüft werden soll, zum Beispiel in der Schule oder bei der Führerscheinprüfung. Es gibt auch Fragen, bei denen die Antwort schon vorher klar ist. Man nennt sie rhetorische Fragen. Politiker setzen solche rhetorischen Fragen gerne bei ihren Reden ein.

Bei anderen Fragen betrifft die Antwort vielleicht sogar das ganze Leben. „Willst du mich heiraten?" ist eine solche Frage, bei der die Antwort wirklich wichtig ist. ☺

Alle Menschen stoßen im Leben immer wieder auf Fragezeichen; auf Fragen, die nach einer Antwort verlangen!

Manche dieser Fragezeichen sind ganz groß, andere eher klein und unbedeutend.

So manches dieser Fragezeichen löst sich im Lauf der Zeit auf: Je älter man wird, umso besser versteht man die Welt. Man lernt Zusammenhänge kennen und man kapiert immer besser, wie die Welt und die Menschen funktionieren. Damit verschwindet das ein oder andere Fragezeichen.

Manche Dinge versteht man vielleicht ein Leben lang nicht. Aber man lernt wenigstens, damit umzugehen, weil man seine Erfahrungen damit gemacht hat.

Es gibt allerdings auch Fragezeichen, die bleiben ein Leben lang bestehen. Manche dieser Fragezeichen stören kaum.

Andere können einen vielleicht ein Leben lang begleiten, beschäftigen und beschweren. Manchmal kann man an einem solchen Fragezeichen auch geradezu zerbrechen.

Der Glaube an Gott hilft bei der Beantwortung mancher Fragen. Wer an Gott und die Bibel glaubt, findet zum Beispiel Antworten auf einige Fragen, die sich Menschen zu allen Zeiten immer wieder gestellt haben:

Wo kommen wir her?

Wo gehen wir hin nach unserem Tod?

Was ist der Sinn des Lebens?

Auf diese Fragen bietet die Bibel Antworten.

Auf die vielleicht schwierigste Frage kann allerdings auch der Glaube an Gott keine zufriedenstellende Antwort geben: Auf die Frage nach dem Leid in der Welt! Hinter dieser fiesen Frage steht das wohl fetteste Fragezeichen – und eine Antwort ist nicht in Sicht!

Es ist ja kein Geheimnis, dass es wirklich viel Krankheit, Ungerechtigkeit, Leid und Tod auf der Welt gibt. Daher trifft die Frage nach dem WARUM beinahe jeden Menschen irgendwann. Die meisten Menschen müssen im Lauf ihres Lebens nicht nur einmal eine Antwort auf diese schwierige Frage suchen. Das große Problem dabei ist tatsächlich: Es gibt nicht wirklich eine Antwort!

Mehr noch:

Gerade für Christinnen und Christen ist diese Frage besonders schwer zu beantworten: Man kann dieses Problem als eine Art Dreieck darstellen, als gleichseitiges Dreieck. In der Ecke rechts unten steht: „Gott ist gut“ – er liebt alle Menschen und will das Beste für sie.

In der Ecke links unten steht: „Gott ist allmächtig“ – er kann einfach alles tun, was er möchte; ja, er könnte auch alles Leid verhindern.

In der Ecke oben in der Mitte steht: „Das Leid, die Traurigkeit, die Ungerechtigkeit“ – alle schlimmen Dinge, die passieren.

Verbindet man diese drei Ecken jetzt zu einem Dreieck, merkt man schnell, dass irgendetwas nicht zusammenpasst. Die Aussagen in den Ecken widersprechen sich. Es passt einfach nicht zusammen, dass ein Gott, der es gut meint und der alles kann – dass dieser Gott so viel Leid zulässt. Und doch ist es so!

Warum unser Gott, der es doch mit allen gut meint und der alles ändern könnte, so viel Leid zulässt, das bleibt wohl sein Geheimnis.

Ein Geheimnis, das wirklich schwer zu ertragen ist.

Ein Geheimnis, das den Glauben an einen guten Gott tatsächlich auch vernichten kann. Man nennt dieses Geheimnis, das mit Sicherheit eines der größten Geheimnisse der Bibel ist, auch die Theodizee-Frage.

Eine richtige Antwort auf diese Theodizee-Frage bietet die Bibel nicht. Die Bibel wäre aber nicht die Bibel, wenn sie diesem Thema ausweichen würde. Sie hat sogar eine ganze Menge dazu zu sagen.

Zum Beispiel im Buch Hiob.

Hiob war ein reicher Mann!

Er hatte eine große Familie. Unzählige Knechte und Mägde arbeiteten für ihn und er besaß tausende von Tieren: Schafe, Rinder, Kamele und vieles mehr.

Hiob war auch ein frommer Mann!

Er hat fest an Gott geglaubt – und er musste jede Menge Leid ertragen. Innerhalb kürzester Zeit hat er so viele schlimme Botschaften bekommen, dass der Begriff „Hiobsbotschaft“ noch heute benutzt wird, wenn man eine schlimme Nachricht bekommt.

Die Bibel erzählt, wie eines Tages der erste Knecht zu Hiob stürmt und ihm davon berichtet, dass Feinde sämtliche Rinder und Esel gestohlen und alle Knechte erschlagen hätten. Der erste Knecht hat noch nicht ausgeredet, als schon der nächste kommt und ihm die Nachricht vom Verlust aller Schafe und der zuständigen Knechte bringt. Auch dieser

Knecht wird unterbrochen, als ein weiterer meldet, dass alle Kamele geklaut und alle Hirten erschlagen worden seien.

Am schlimmsten aber hat Hiob wohl die Nachricht des vierten Knechts getroffen. Dieser berichtet von einem Fest, bei dem alle zehn Kinder Hiobs beieinander gewesen seien. Ein Sturm habe das Haus zum Einsturz gebracht und außer dem Überbringer der traurigen Botschaft habe kein einziger überlebt.

Was für ein Tag für Hiob!

So gesehen macht der Begriff Hiobsbotschaft doch Sinn, oder? So viele schlechte Nachrichten auf einmal kann doch kein Mensch ertragen!

Aber damit war noch nicht genug: Nicht lange danach wurde Hiob selbst nämlich krank. Am ganzen Körper bekam er üble Geschwüre, so dass seine eigene Frau ihm den Tipp gab, endlich seinen Glauben an Gott aufzugeben und zu sterben!

Hiob hatte also wirklich allen Grund zu klagen. Das macht er auch. Im Original liest sich das so:

[1]Danach tat Hiob seinen Mund auf und verfluchte den Tag seiner Ge-
burt. [2]Und Hiob begann und sprach: [3]O wäre doch der Tag ausgelöscht,
da ich geboren wurde, und die Nacht, die sprach: Ein Knabe ist gezeugt!
[4]Wäre doch dieser Tag Finsternis geblieben; hätte doch Gott in der Höhe
sich nicht um ihn gekümmert, und wäre doch niemals das Tageslicht
über ihm aufgeleuchtet! [5]Hätten doch Finsternis und Todesschatten ihn
zurückgefordert, Gewölk sich auf ihm niedergelassen und diesen trüben
Tag überfallen! [6]Und jene Nacht – hätte doch das Dunkel sie hinweg-
gerafft, hätte sie sich nur nicht gefreut unter den Tagen des Jahres, und
wäre sie doch nicht in die Zahl der Monate eingereiht worden! [7]Ja, wäre
doch jene Nacht unfruchtbar geblieben, hätte doch kein Jubel sie er-
reicht! [8]Hätten sie doch die verwünscht, die den Tag verfluchen können,
die imstande sind, den Leviathan aufzuwecken! [9]Hätten sich doch die
Sterne ihrer Morgendämmerung verfinstert, hätte sie doch auf Licht
gehofft, ohne dass es erschienen wäre; hätte sie doch die Strahlen der

Morgenröte nicht geschaut! [10]Doch sie verschloss mir nicht die Pforte des Mutterleibes und verbarg nicht den Jammer vor meinen Augen. [11]Warum starb ich nicht gleich bei der Geburt, kam nicht um, sobald ich aus dem Mutterschoß hervorging?
(Hiob 3, 1-11, Schlachter Bibel)

Hiob hat keine Lust mehr!

Aber mal ehrlich: Kann man ihm das wirklich übelnehmen?

Er hat ja wirklich allen Grund zu seiner bitterbösen Klage. Immerhin steht er nicht nur vor den absoluten Trümmern seiner bisherigen Existenz. Er hat alle Kinder auf einmal verloren! Außerdem muss er sich sogar vor seiner Frau rechtfertigen, warum er den Glauben an einen guten Gott nicht aufgibt.

Ja, Hiob steht vor einem fetten Fragezeichen! Auch er bekommt keine zufriedenstellende Antwort. Er leidet unter dem Verlust seiner Kinder, seines kompletten Besitzes und seiner Gesundheit. Außerdem muss er sich auch noch vor seinen Freunden rechtfertigen. Diese vermuten nämlich unter anderem die Schuld für die ganzen tragischen Ereignisse bei Hiob selbst.

Wirklich keine einfache Situation.

Lange diskutiert Hiob mit seinen Freunden!

Lange ringt Hiob mit Gott!

Eine Antwort auf die große Frage nach dem WARUM wird er nicht bekommen! Aber er erlangt eine Art innerer Gelassenheit.

So, als hätte er verstanden, dass er eben nicht alles verstehen kann!

So, als hätte er eingesehen, dass uns der Sinn mancher Ungerechtigkeit, manches Leides und mancher Tränen verborgen bleibt – zumindest in diesem Leben!

So, als hätte er gelernt, dass es trotz allem Sinn macht, auf Gott zu vertrauen, weil uns dann alle Dinge zum Besten dienen. Auch und vielleicht gerade dann, wenn wir es überhaupt nicht einsehen können!

Das fette Fragezeichen bleibt ihm – und uns – erhalten. Durch das ganze Leid hindurch aber scheint die Hoffnung, dass es eben doch nicht sinnlos war, das Leid. Dass es da eben doch den Einen gibt, der alles in der Hand hat, und der alles gut machen wird.

Irgendwann!

Genau das passiert hier auch: Nach dieser langen Leidensgeschichte „zeigt" Gott sich Hiob und macht sein Leben wieder gut. Hiob werden nochmals zehn Kinder geschenkt, er wird reicher und wohlhabender als vorher. Und als er viele viele Jahre später stirbt, ist er zufrieden und lebenssatt.

Lesetipp:

Es gibt Situationen, da fällt er einem wirklich schwer, der Glaube an einen guten, allmächtigen Gott. Man erfährt gerade keine Hilfe, man spürt nichts von der Gegenwart Gottes. Auf ein Wunder hofft man vielleicht vergebens.

Ja, diese Situationen gibt es.

Ein kleiner Trost mag sein, dass die Bibel auch solche Situationen kennt. Jesus selbst hing am Kreuz und fragt verzweifelt, warum Gott ihn verlassen habe. Der Beter des 88. Psalms klagt Gott sein tiefes Leid. Er weicht am Ende nicht – wie andere so oft - in ein Happy End aus. Es blitzt kein Hoffnungsschimmer auf in diesem verzweifelten Gebet! Dieser Psalm kann in schweren Zeiten Kraft gegeben.

Kraft, weil es trotz aller Verzweiflung und Not eine Adresse gibt, an die man sich wenden kann – nämlich Gott!

Vielleicht hast du Lust, diesen Psalm zu lesen. Vielleicht merkst du ihn dir aber auch nur, für den Fall, dass du ihn mal brauchen solltest.

Cliffhanger:

Im Lesetipp gerade geht es auch um einen Psalm. Hinter diesem ungewöhnlichen Wort „Psalmen“ verbergen sich Gebete und Lieder. Für beinahe jede Lebenslage findet sich ein passender Psalm oder ein zutreffender Vers daraus. Auch viele Tauf- und Konfirmationssprüche stammen aus dem Buch der Psalmen.

Ein Buch übrigens, das uns sehr viel zu sagen hat und ein Buch, welches die Menschen offensichtlich ganz genau kennt – obwohl das Wort Psalm vielleicht nicht unbedingt so modern klingt.

Gerne selber überzeugen, im nächsten Kapitel – und im übernächsten. ☺

7. GOTT IST KEIN BUSFAHRER!

Psalm 23

Hinweis: Für dieses Kapitel sollte allen der Text des Psalms 23 vorliegen. Hilfreich wäre auch eine Tafel, ein Plakat oder eine PowerPoint, wo folgende Begriffe vermerkt sind:
KENNEN, BESCHÜTZEN, ERNÄHREN, DEN RICHTIGEN WEG ZEIGEN, AUFPASSEN/WIEDERFINDEN, VERTRAUEN NICHT ENTTÄUSCHEN.

Diese Begriffe und den Text brauchen wir gleich …

Der Herr ist mein … so beginnt der bekannteste Psalm der Bibel, der Psalm 23.

Der Herr ist mein …?

Wie geht es weiter? Genau: Der Herr ist mein Hirte.

Vermutlich haben die wenigsten von uns Kontakt zu einem echten Hirten.

Oder?

Es gibt ja auch nicht so viele Hirten bei uns. Heute sowieso nicht mehr. Mit Landwirtschaft direkt haben nur noch die wenigsten Menschen hier etwas zu tun. Das war früher allerdings ganz anders. Bei uns, aber auch in der Welt der Bibel, in Israel.

Es ist ja nichts Neues, dass viele Begriffe und sprachliche Bilder der Bibel aus einer ganz anderen Zeit und einer ganz anderen Umgebung stammen. Aus einer Zeit und aus einem Umfeld, das uns heute doch ziemlich fremd geworden ist.

Wäre es da nicht an der Zeit, dieses „Hirte" durch einen anderen Begriff zu ersetzen? Durch einen modernen Ausdruck, der so ungefähr das Gleiche ausdrückt; durch einen Ausdruck, der uns Menschen heute aber besser verständlich ist – und der trotzdem die Eigenschaften von Gott möglichst gut beschreibt.

Man könnte beispielsweise überlegen, was es denn noch für Worte und Bezeichnungen für Gott gibt – er ist ja schließlich mit „Hirte" gemeint.

Der Herr ist mein VATER, oder mein SCHÖPFER.

Vielleicht auch mein CHEF?

Oder doch besser ein bisschen weniger abgehoben: Der Herr ist ein TRAINER?

Mein BERATER?

Der Herr ist mein COACH?

Passt alles nicht wirklich, oder?

Vielleicht könnte man auch überlegen, was es für Alternativen für den Begriff „Hirte" gibt.

Ein Hirte hat ja schließlich etwas mit Tieren zu tun. Also: Der Herr ist mein BAUER?

Mein TIERHALTER?

Der Herr ist mein KANINCHENZÜCHTER?

Auch nicht wirklich gut, oder?

Ein Hirte muss seine Herde ja schließlich auch beschützen. Er muss dafür sorgen, dass alle Tiere genug zu fressen haben. Also vielleicht doch besser: Der Herr ist mein BESCHÜTZER?

Oder mein ERNÄHRER?

Trifft es aber auch nicht so ganz, finde ich.

Ja, man merkt, dass es gar nicht so einfach ist, einen Begriff wie „Hirte" durch einen anderen zu ersetzen.

Einen Versuch machen wir aber noch – nämlich mit dem Vorschlag aus der Überschrift: Ein Hirte muss seiner Herde ja vorangehen. Er muss den richtigen Weg finden und aufpassen, dass niemand verloren geht. Der Hirte muss im Blick behalten, dass er die richtigen Pausen zur richtigen Zeit einlegt, dass alle seine Tiere unterwegs genug zu fressen finden. Kurz: Der Hirte muss dafür sorgen, dass alle sicher und wohlbehalten am richtigen Zielort ankommen.

Ganz ähnlich wie ein BUSFAHRER eben: Auch der muss den rechten Weg finden, zur passenden Zeit Pausen machen und auch er ist dafür verantwortlich, dass alle Fahrgäste gut und sicher ans Ziel kommen.

Also: Der Herr ist mein BUSFAHRER?

Auch das trifft es nicht wirklich.

Oder?

Je mehr man darüber nachdenkt, umso schwerer fällt es, den Begriff „Hirte" wegzulassen und stattdessen einen anderen einzusetzen.

Heutzutage gibt es ja auch viele Bibelübersetzungen in aktuellem Deutsch. Die vielleicht frechste und modernste könnte die Volxbibel sein. Die Macher dieser Bibel standen vor genau dem gleichen Problem. Sie haben aus „Hirte" DAUERGASTGEBER gemacht!

Gott ist mein DAUERGASTGEBER!

Ist das wirklich besser?

Vielleicht bleiben wir doch besser beim bekannten Hirten. Vieles schwingt mit, wenn man an die Aufgaben eines Hirten denkt – eigentlich ein bisschen erstaunlich, dass wir doch auch heute noch relativ genaue Vorstellungen davon haben, was so ein Hirte zu tun hat: Er muss jedes seiner Tiere kennen; seine Herde beschützen muss er und ihr den richtigen Weg zeigen.

Verlorengegangene Tiere muss er möglichst wiederfinden, ohne dass die anderen deshalb abhauen (siehe auch Kapitel „Lost and found"). Es ist seine Aufgabe, die Herde gut zu ernähren. Sie sollen wachsen und sich entwickeln können, die Tiere seiner Herde. Sie müssen ihrem Hirten blind vertrauen können – und er darf seine Herde nicht enttäuschen.

Zusammenfassen könnte man die Aufgaben eines Hirten vielleicht so:
Er muss die Tiere seiner Herde ...
- KENNEN
- BESCHÜTZEN
- ERNÄHREN

Er muss ihnen auch ...
- DEN RICHTIGEN WEG ZEIGEN

Außerdem muss er auf jedes Tier ...
- AUFPASSEN und es WIEDERFINDEN
- und er darf das VERTRAUEN IN IHN NICHT ENTTÄUSCHEN

Ganz schön viel, was ein Hirte so leisten muss – und das alles für jedes einzelne Tier seiner Herde!

Ja, „Der Herr ist mein Hirte“ ist vielleicht doch der beste Anfang für diesen bekannten Psalm; für dieses Gebet, das so viele Menschen in schweren und in schönen Zeiten begleitet und ihnen Kraft geschenkt hat. Durch viele Jahrhunderte hindurch und vermutlich auch noch in ferner Zukunft.

So steht er in der Bibel – der Psalm über den guten Hirten:
1 *Der Herr ist mein Hirte; mir wird nichts mangeln.*
2 *Er weidet mich auf grünen Auen und führt mich zu stillen Wassern.*
3 *Er erquickt meine Seele; er führt mich auf rechter Straße um seines Namens willen.*
4 *Und wenn ich auch wanderte durchs Tal des Todesschattens, so fürchte ich kein Unglück, denn du bist bei mir; dein Stecken und dein Stab, die trösten mich.*
5 *Du bereitest vor mir einen Tisch angesichts meiner Feinde; du hast mein Haupt mit Öl gesalbt, mein Becher fließt über.*
6 *Nur Güte und Gnade werden mir folgen mein Leben lang, und ich werde bleiben im Haus des Herrn immerdar.*
(Psalm 23, Schlachter Bibel)

Zum Nachdenken:

1. Bei welchen Gelegenheiten hast du den Psalm 23 schon gehört oder vielleicht sogar mitgebetet?

   Fallen dir drei verschiedene Anlässe ein?

   Möchtest du uns davon erzählen?

2. Hast du dir die Aufgaben eines Hirten gemerkt? Genau: KENNEN, BESCHÜTZEN, ERNÄHREN, DEN RICHTIGEN WEG ZEIGEN, AUFPASSEN/WIEDERFINDEN, VERTRAUEN NICHT ENTTÄUSCHEN.
   Lies dir jetzt den Psalm 23 aufmerksam durch und versuche, jeden Vers einer typischen Hirten-Aufgabe zuzuordnen.

   (Lösungsvorschlag:
   Vers 1: KENNEN/ERNÄHREN
   Vers 2: ERNÄHREN/DEN RICHTIGEN WEG ZEIGEN
   Vers 3: DEN RICHTIGEN WEG ZEIGEN/VERTRAUEN WECKEN
   Vers 4: BESCHÜTZEN/VETRAUEN NICHT ENTTÄUSCHEN
   Vers 5: ERNÄHREN/BESCHÜTZEN/VERTRAUEN NICHT ENTTÄUSCHEN
   Vers 6: DEN RICHTIGEN WEG ZEIGEN/ERNÄHREN/BESCHÜTZEN)

Schafe gelten ja als eher doofe Tiere. Sie mögen vielleicht ganz lieb, nett oder süß sein, aber besonders intelligent wirken sie nicht.

Deutlich wird das, wenn man einer Schafherde zuschaut, die auf eine neue Weide zieht. Kein einziges der Schafe scheint sich große Gedanken zu machen, wo die Reise hingeht. Sie laufen einfach und ganz automatisch immer dem vorderen Tier hinterher.

Dass es vielleicht auf der Wiese nebenan auch saftiges Gras geben könnte, ignorieren sie einfach. Oder sie denken schlichtweg nicht dran, weil sie so beschäftigt sind, dem Tier vor ihnen zu folgen.

Es reicht also eigentlich, dem ersten Schaf den Weg vorzugeben – die restlichen Schafe folgen dann einfach.

Schafe sind eben echte Herdentiere.

Manchmal ist das bei uns Menschen ja nicht viel anders.

Auch wir neigen dazu, der Meinung und dem Vorbild der anderen zu folgen. Vielleicht ist dieser Trend bei Jugendlichen sogar noch stärker als bei Erwachsenen.

Dass wir Menschen uns gerne anderen anschließen, das war auch schon früher so. Umso wichtiger ist es deswegen, dass die richtigen Leute vorneweg gehen und den besten Weg zeigen. Der Begriff HIRTE passt auch aus diesem Grund ganz gut, denn keiner kennt einen besseren Weg für mich als Gott.

Übrigens: Das BUSFAHRER-Beispiel passt wirklich nicht!

Im Bus sitzt man bekanntlich nur, den Weg bestimmt allein der Busfahrer.

Ein Hirte dagegen geht seiner Herde nur voraus, einen Fuß vor den anderen setzen, das müssen die Tiere seiner Herde selbst.

Genauso wie wir in unserem Leben!

Lesetipp:

Mehr über einen guten Hirten findest du auch an anderen Stellen der Bibel, zum Beispiel in Johannes, Kapitel 10. Dort redet Jesus von sich selbst als gutem Hirten. Lies doch einfach mal nach …

Cliffhanger:

Die Psalmen sind Gebete. Für beinahe jede Lebenssituation findet man hier passende Worte. Egal, ob es einem gut oder schlecht geht, ob man müde, krank oder fröhlich ist – zu praktisch jedem Gefühl gibt es die entsprechenden Verse eines Psalms. Selbst zum Thema „Erstes Date" lässt sich ein Bezug herstellen.

Den Beweis dafür gibt es im nächsten Kapitel …

8. DAS ERSTE DATE!

Psalm 139

Das erste richtige Date ist schon was ganz Besonderes! Oder etwa nicht?

Bestimmt hat man sich vorher schon öfter gesehen. Zusammen mit anderen, Freundinnen und Kumpels.

Man hat sich auch schon viele Nachrichten geschrieben – lustige und schöne, nette und romantische. Gespannt hat man auf die Antwort gewartet und ja – manchmal ging dieses Hin und Her vielleicht auch die halbe Nacht lang!

Man könnte wohl schon behaupten, dass man sich ein bisschen kennengelernt hat in dieser Zeit.

Trotzdem ist man vor dem ersten echten Date aufgeregt – zumindest ist das bei den meisten so:

Tagelang überlegt man sich, was man denn bloß anziehen soll.

Wie macht man sich die Haare?

Welche Schuhe sind am besten?

Aber auch über sein Verhalten macht man sich vorher schon Gedanken:

Wie soll man sich begrüßen?

Worüber soll man sich unterhalten?

Wie kommt man möglichst cool rüber, ohne dass es abschreckend wirkt?

Schließlich möchte man den besten Eindruck hinterlassen; am besten nur seine Schokoladenseite zeigen. Die Dinge, mit denen man an sich selbst nicht so zufrieden ist, versteckt man lieber. Sachen, die man nicht so gut kann oder die einem peinlich sind, sollen bloß nicht rauskommen. Zumindest nicht beim ersten Date.

Immerhin möchte man den anderen oder die andere ja von sich selbst überzeugen. Man möchte im besten Licht dastehen, um möglichst attraktiv zu wirken. Seine weniger schönen Seiten versteckt man da lieber.

Zum Nachdenken:

Welche Tipps könnte man jemandem geben, der sich auf sein erstes Date vorbereitet?

Was sollte man unbedingt beachten?

Wie sollte man sich verhalten?

Wie hält man es mit der Begrüßung?

Was sind absolute „No-Goes" beim ersten Date?

...

Offensichtlich kann es ganz schön anstrengend sein, dieses erste Date. Oder zumindest die Vorbereitung darauf.

Man muss immerhin eine ganze Menge beachten, um einen möglichst guten Eindruck zu hinterlassen.

War es erfolgreich, das erste Date, wird vielleicht aus den Beteiligten ein Paar. Wie schön! Je länger man sich dann kennt, umso weniger Geheimnisse hat man voreinander. Man lernt sich immer besser kennen und man entdeckt an der anderen Person auch bisher unbekannte Seiten; Dinge, die einem vielleicht nicht so gut gefallen, über die man aber hinwegsehen kann, weil die tollen Eigenschaften überwiegen.

Hoffentlich!

Hätte man aber alle diese Dinge schon von Anfang an gewusst – wer weiß, vielleicht wäre man dann abgeschreckt worden. Vielleicht hätte man sich gar nicht auf die Beziehung eingelassen, wenn man die weniger schönen Seiten am Anderen gleich zu Beginn entdeckt hätte! Bestimmt gibt es bei den meisten Paaren auch Dinge, die man selbst nach langer gemeinsamer Zeit lieber für sich behalten möchte. Dinge, von denen man fürchtet, dass sie den anderen abschrecken oder verstören könnten; Sachen, die einem vielleicht peinlich sind oder von denen man denkt, dass sie sowieso nur Streit auslösen würden.

Ein Stück weit bleibt wohl jeder Mensch ein Geheimnis – vor der Partnerin oder dem Partner und selbst vor den eigenen Eltern oder den besten Freunden.

Es gibt nur eine einzige Ausnahme – nämlich Gott!

Niemand kennt mich so gut, so umfassend und so genau wie Gott!

Dabei kommt es ihm weniger auf das Äußere an. Viel wichtiger sind ihm die inneren Werte eines Menschen.

Vielleicht hast du schon von David gehört.

Genau, dieser David, der den Riesen Goliat besiegt hat.

David hat in seinem Leben ganz schön viel mit Gott erlebt – Schönes und Schweres. Ganz oft hat er Gottes Hilfe erfahren, aber er hat Gott auch schwer enttäuscht.

Vielleicht haben diese vielen Erlebnisse von David dazu beigetragen, dass er viele Gebete an Gott verfasst hat – so genannte Psalmen. David wusste genau, dass Gott auch ihn in- und auswendig kennt – und dass er ihn trotzdem liebt. Diese Erkenntnis hat er in schönen Worten festgehalten. Sie stehen gleich zu Beginn von Psalm 139.

So steht es in der Bibel:
1 HERR, du durchschaust mich, du kennst mich durch und durch. 2 Ob
ich sitze oder stehe – du weißt es, aus der Ferne erkennst du, was ich
denke. 3 Ob ich gehe oder liege – du siehst mich, mein ganzes Leben ist
dir vertraut. 4 Schon bevor ich anfange zu reden, weißt du, was ich sagen
will. 5 Von allen Seiten umgibst du mich und hältst deine schützende
Hand über mir. 6 Dass du mich so genau kennst, übersteigt meinen Ver-
stand; es ist mir zu hoch, ich kann es nicht begreifen!
(Psalm 139, 1-6, Hoffnung für alle)

So ist das – mit Gott und uns Menschen!

Gott hat einen richtigen Narren an uns gefressen. Er mag uns wirklich sehr. Das Verrückte daran ist, dass Gott uns so genau kennt und uns trotzdem liebt. Er kennt eben nicht nur unsere Schokoladenseite, sondern auch alle hässlichen Dinge. Unsere fiesen Gedanken, unsere Peinlichkeiten; unseren Neid, unseren Egoismus – eben einfach alles. Und er liebt uns trotzdem.

Hätten wir bei unserem ersten Date sofort unsere hässlichen Seiten präsentiert, wäre vermutlich nichts draus geworden, aus der Beziehung.

Würde unser Date uns sofort durchschauen und einen Blick auf all die Dinge werfen können, die wir nicht können und mögen – vermutlich würde es schreiend davonrennen ☺

Bei Gott ist das anders.

Gott sei Dank!

Zum Nachdenken:

In der nächsten Minute ist es ganz ruhig. Du kannst dir ungefähr 30 Sekunden lang Dinge überlegen, die du gut kannst, wo du mit dir zufrieden bist. Dann darfst du in Gedanken die Dinge sammeln, welche dir nicht gefallen; deine hässlichen Seiten, mit denen du unzufrieden bist.

Dann hören wir noch einmal ganz bewusst die Verse 1-6 aus Psalm 139.

Ja, diese Verse gelten auch heute noch!

Sie wurden auch für dich geschrieben!!

Lesetipp:

In der Geschichte, als dieser David zum neuen König von Israel gesalbt werden soll, wird sehr deutlich, dass Gott weniger Wert auf das Aussehen legt. Es kommt ihm mehr auf das Herz eines Menschen an. Diese Geschichte steht in 1. Samuel 16, 1-13.

Cliffhanger:

Einen großen Teil des Alten Testaments bilden die Bücher, in denen es um die Propheten geht. Einen davon lernen wir im nächsten Kapitel näher kennen – nämlich Amos.

Viel Spaß beim Lesen und Entdecken!

9. KLARE KANTE

Die Propheten: Amos macht Ansagen!

Der Blick in die Zukunft reizt uns Menschen, keine Frage. Wäre es nicht toll, wenn wir heute schon wüssten, was morgen passiert – oder übermorgen, oder nächstes Jahr? Dieses Wissen würde uns das Leben in mancher Hinsicht doch sehr erleichtern. Wir könnten Dinge in unserem eigenen Leben besser planen, aber auch für Politiker wäre es doch einfach genial, wenn sie schon heute wüssten, was in der Zukunft passiert.

Gleichzeitig schreckt uns dieses Wissen aber auch ab. Es macht Angst und belastet. Vermutlich leben wir wesentlich unbeschwerter und leichter, wenn wir die Zukunft nicht kennen. Doch, ich bin mir sogar ganz sicher, dass es so ist.

Trotzdem reizt uns die Möglichkeit, einen Blick in die Zukunft zu werfen. Das ist ganz verständlich.

Aus diesem Grund lassen sich manche Menschen Karten legen, andere lesen Horoskope oder glauben, anhand der Linien auf ihrer Hand könnte man Aussagen über den zukünftigen Verlauf ihres Lebens treffen.

Immer wieder gibt es Menschen, die in die Zukunft sehen können – oder die das zumindest von sich behaupten. Man nennt sie auch Hellseher. Auch in der Bibel gibt es verschiedene Vorhersagen über die Zukunft. Manche dieser Vorhersagen sind bereits eingetroffen. Zum Beispiel haben verschiedene Propheten schon viele Jahre vor Jesus seine Geburt angekündigt.

Es gibt dabei aber einen wichtigen Unterschied zu so genannten Hellsehern:

Propheten sind nämlich keine Hellseher!
Propheten sind vielmehr Boten Gottes.
Ihr Auftrag ist es, Gottes Botschaft an die Menschen weiterzugeben.

Im Alten Testament richteten sich diese Botschaften an das Volk Israel. Oft hatten die Propheten die Aufgabe, das Volk Gottes auf sein Fehlverhalten hinzuweisen und entsprechende Strafen anzukündigen. In gewissem Sinne machen Propheten daher auch Aussagen über die Zukunft. Das ist allerdings nicht ihr Hauptauftrag.

Beeindruckend ist es aber trotzdem, wie viele dieser Vorhersagen sich bereits erfüllt haben. Vergleicht man die abenteuerliche Geschichte von Volk und Staat Israel mit den Aussagen verschiedener Propheten, könnte man geradezu ins Staunen darüber kommen, wie manche Vorhersagen sich erfüllt haben – oft gegen jede Wahrscheinlichkeit.

Zur Zeit des Propheten Amos war dieser Staat Israel bereits geteilt. Es gab ein Südreich mit der Hauptstadt Jerusalem, und ein Nordreich mit der Hauptstadt Samaria. Amos wurde als Prophet von Gott berufen. Er wurde vom Südreich Juda ins Nordreich Israel geschickt, um eine Botschaft Gottes auszurichten.

Amos fand kräftige Worte.
Seine Ansagen waren unmissverständlich.
So wie die hier …

1 Hört dieses Wort, ihr Kühe von Baschan auf dem Berg von Samaria, die ihr die Geringen bedrückt und die Armen misshandelt und zu euren Herren sagt: Schaffe herbei, damit wir trinken können! 2 Gott, der HERR, hat bei seiner Heiligkeit geschworen: Siehe, es kommen Tage über euch, da man euch an Haken wegschleppen wird und eure Nachkommen an Fischerangeln (…).
(Amos 4, 1-2, Hoffnung für alle)

Land und Staat Israel geht es gut, zur Zeit von Amos. Es herrscht Friede und Wohlstand. Allerdings profitiert von diesem Wohlstand nur ein kleiner Teil der Bevölkerung. Diese Oberschicht beutet den ärmeren Teil der Bevölkerung offensichtlich gnadenlos aus.

Amos prangert diese Missstände schonungslos an. Mit den Kühen sind nämlich die reichen Frauen gemeint, deren Lebensführung Gott offensichtlich gründlich gegen den Strich geht. Seine Kritik richtet sich an die Oberschicht, welche ihre Macht ausnützt und die Armen unterdrückt. Amos kritisiert auch in anderen Texten Ausbeutung und Bestechung. Er klagt, dass die herrschende Schicht zwar Gottesdienste feiere und Lieder singe, sich aber trotzdem ungerecht verhalten und sich auf Kosten der Armen bereichern würde.

Zum Nachdenken:

Es ist ganz eindeutig, dass auch die meisten Menschen in Deutschland zur kleinen, reichen Bevölkerungsschicht auf der Erde gehören.

Sorgt unser Reichtum und Wohlstand nicht auch dafür, dass Menschen darunter leiden müssen – vielleicht gar nicht hier bei uns, sondern in ärmeren Ländern?

Du kannst ja mal ins Etikett deines T-Shirts schauen, wo es hergestellt wurde. Google kann dir problemlos helfen, herauszufinden, unter welchen Bedingungen ein Großteil unserer Kleidung hergestellt wird!

Oder du fragst dich, woher dein Fußball kommt? Wer diesen wohl genäht hat – und wieviel er oder sie dafür verdient hat …

Gibt es vielleicht auch in unserer Gesellschaft Leute, denen es schlechter geht, die unterdrückt werden? Leute, denen wir helfen könnten?

Was würde uns Amos wohl heute sagen?

Amos klagt aber nicht nur an. Mit ähnlich scharfen Worten warnt er, dass Gott etwas gegen dieses böse Tun unternehmen würde.

Er sollte Recht behalten:

Das Nordreich Israel wird tatsächlich von Feinden erobert und vernichtet.

Amos ist einer der so genannten „kleinen Propheten", weil das nach ihm benannte biblische Buch relativ kurz ist. Er klagt an und macht deutlich, dass Gott auf der Seite der Schwachen und Ausgebeuteten steht – wieder einmal. Den ungerechten Reichen und mächtigen kündigt er mit deutlichen Worten harte Strafen an. Strafen, die eintreffen und den Staat Israel auslöschen werden; zumindest das Nordreich.

Aber Gott gibt sein erwähltes Volk nicht auf. Nicht ganz, zumindest. Ganz am Ende findet sich nämlich noch folgender Text:

[11]Gott sagt: „An jenem Tag werde ich das Reich von König David wieder aufbauen. Jetzt gleicht es zwar einem verfallenen Haus, doch dann richte ich die umgestürzten Wände wieder auf und schließe die Risse in der Mauer. Ja, ich lasse es wieder in seinem alten Glanz erstehen. [12]Die Israeliten werden in Besitz nehmen, was vom Gebiet der Edomiter übrig geblieben ist. Auch über all die anderen Völker, die ich zu meinem Eigentum erklärt habe, werden sie ihre Herrschaft ausdehnen. Dafür sorge ich, der HERR. Mein Wort gilt! [13]Es kommt die Zeit, da wird es eine sehr reiche Ernte geben. Dann mähen die Arbeiter noch das Getreide ab, wenn der Bauer schon kommt, um den Acker wieder zu pflügen. Man tritt die Trauben noch in der Kelter, obwohl die Zeit der Aussaat schon wieder begonnen hat. Ja, es wird so viele Trauben geben, dass ihr Saft die Berge und Hügel herabfließt! [14]Denn ich wende das Schicksal meines Volkes wieder zum Guten. Die Israeliten bauen die verwüsteten Städte wieder auf und werden auch darin wohnen, sie pflanzen Weinberge an und werden den Wein davon trinken, sie legen Gärten an und werden deren Früchte genießen. [15]Ich pflanze sie wieder in ihr Land ein, und niemand wird sie dann mehr herausreißen. Denn dieses Land habe ich, der HERR, ihr Gott, ihnen gegeben. Mein Wort gilt!"

(Amos 9, 11-15, Hoffnung für alle)

Gott wird sein Volk also nicht im Stich lassen.
Nicht auf Dauer zumindest!

Im Laufe der Geschichte hätten die Israeliten durchaus schon mal den Verdacht haben können, dass es aus mit ihrem Volk und ihrem Staat ist. Kein anderes Volk hat auch nur annähernd ein ähnliches Schicksal erlitten – während der Zeit des Alten Testaments, aber auch danach. Dass es heute, nach fast 2000 Jahren weltweiter Zerstreuung tatsächlich wieder ein Land und einen Staat Israel gibt, das kann man schon als Wunder bezeichnen!

Oder als die Erfüllung der Vorhersage aus Amos 9!

Lesetipp:

Das Buch „*Wenn der Löwe brüllt - Die Geschichte von Amos, dem Mann, der kein Prophet sein wollte*“ von Hermann Koch beschreibt eindrücklich das Leben und Wirken des Propheten Amos als eine Art Roman. Es ist gebraucht sehr billig zu haben. Vielleicht hast du ja Lust darauf.

Cliffhanger:

Bisher ging es um das Alte Testament. Ab dem nächsten Kapitel kommt endlich die zentrale Figur und der Namensgeber der christlichen Religion ins Spiel: nämlich Jesus Christus. Wie er gelebt und gewirkt hat, was er gesagt und gemacht hat – darum geht es in den nächsten Kapiteln.

Viel Spaß!

TEIL B

DAS NEUE TESTAMENT

1. KÜSSE, WELTKRIEGE UND WEIHNACHTEN

Die Weihnachtsgeschichte

Es gibt Tage im Leben, die vergisst man nicht.

Manche besonders eindrücklichen Ereignisse bleiben einfach im Gedächtnis *hängen*, ob wir wollen oder nicht.

Es ist mittlerweile ziemlich lange her. Trotzdem habe ich ihn bis heute nicht vergessen: Meinen ersten Kuss!

Obwohl mittlerweile zahlreiche weitere Küsse dazwischenliegen, kann ich mich an den Tag des allerersten Kusses noch ganz gut erinnern. Auch manche anderen Tage habe ich noch ziemlich gut im Kopf. Das geht wohl den meisten Menschen so.

Bestimmte Ereignisse hinterlassen einen solchen Eindruck, dass man sie sehr lange nicht vergisst.

Vielleicht ist es beim einen ein besonderes Geburtstagsgeschenk, bei der anderen die Beerdigung der Oma. Es kann sich um den ersten Tag in einer neuen Klasse handeln, den Gewinn eines wichtigen Fußballspiels oder den Beginn der Ausbildung.

Oder natürlich auch um ganz andere Ereignisse.

Jeder Mensch hat ganz unterschiedliche Dinge, an die er sich erinnert, ganz unterschiedliche Tage auf seiner Festplatte gespeichert.

Solche besonderen Tage gibt es auch im kollektiven Gedächtnis der Menschheit. Tage, an denen so bedeutende Dinge passiert sind, dass sich auf der ganzen Welt Millionen oder gar Milliarden an sie erinnern.

Die Geschichtsbücher sind voll von solchen Tagen: Der Beginn oder das Ende von Weltkriegen gehören dazu, schlimme Terroranschläge oder weitreichende, politische Entscheidungen. 9/11 – der Tag, an dem Terroristen zwei Passagierflugzeuge in New Yorker Hochhäuser gejagt haben, ist ein solches Datum. Oder Russlands Angriff auf die Ukraine im Jahr 2022.

Gut möglich, dass sich häufig eher die schlimmen Ereignisse ins Gedächtnis der Menschheit eingebrannt haben. Es gibt aber auch schöne Ereignisse, die nicht vergessen wurden.

Ein solcher Tag ist zum Beispiel die Geburt von Jesus!

Die Geburt von Gottes Sohn, die jedes Jahr an Weihnachten gefeiert wird. Wie wichtig dieser Tag für einen großen Teil der Menschheit ist, kann man schon daran erkennen, dass sich unsere ganze Zeitrechnung danach richtet. Wir teilen die Geschichte in „vor Christus“ und „nach Christus“ ein. Die Geburt von Jesus Christus irgendwann um das Jahr Null herum hat also wirklich eine große Bedeutung im Bewusstsein vieler Menschen – selbst dann, wenn sie gar nichts mit dem christlichen Glauben zu tun haben.

Entsprechend bekannt ist auch die Geschichte zum Weihnachtsfest, nämlich die Geburt von Jesus, wie sie die Bibel berichtet. Die bekannteste Version steht im Lukasevangelium.

So steht es in der Bibel:
[1]Es begab sich aber in jenen Tagen, dass ein Befehl ausging von dem Kaiser
Augustus, dass der ganze Erdkreis sich erfassen lassen sollte. [2]Diese Erfas-
sung war die erste und geschah, als Kyrenius Statthalter in Syrien war. [3]Und
es zogen alle aus, um sich erfassen zu lassen, jeder in seine eigene Stadt. [4]Es
ging aber auch Joseph von Galiläa, aus der Stadt Nazareth, hinauf nach
Judäa in die Stadt Davids, die Bethlehem heißt, weil er aus dem Haus und
Geschlecht Davids war, [5]um sich erfassen zu lassen mit Maria, seiner ihm
angetrauten Frau, die schwanger war. [6]Es geschah aber, während sie dort
waren, da erfüllten sich die Tage, dass sie gebären sollte. [7]Und sie gebar
ihren Sohn, den Erstgeborenen, und wickelte ihn in Windeln und legte ihn
in die Krippe, weil für sie kein Raum war in der Herberge.

[8]Und es waren Hirten in derselben Gegend auf dem Feld, die bewachten
ihre Herde in der Nacht. [9]Und siehe, ein Engel des Herrn trat zu ihnen,
und die Herrlichkeit des Herrn umleuchtete sie; und sie fürchteten sich
sehr. [10]Und der Engel sprach zu ihnen: Fürchtet euch nicht! Denn siehe,
ich verkündige euch große Freude, die dem ganzen Volk widerfahren
soll. [11]Denn euch ist heute in der Stadt Davids der Retter geboren, wel-
cher ist Christus, der Herr. [12]Und das sei für euch das Zeichen: Ihr wer-
det ein Kind finden, in Windeln gewickelt, in der Krippe liegend. [13]Und
plötzlich war bei dem Engel die Menge der himmlischen Heerscharen,
die lobten Gott und sprachen: [14]Herrlichkeit ist bei Gott in der Höhe
und Friede auf Erden, und unter den Menschen Gottes Wohlgefallen!
[15]Und es geschah, als die Engel von ihnen weg in den Himmel zurück-
gekehrt waren, da sprachen die Hirten zueinander: Lasst uns doch bis
nach Bethlehem gehen und die Sache sehen, die geschehen ist, die der
Herr uns verkündet hat! [16]Und sie gingen eilends und fanden Maria
und Joseph, dazu das Kind in der Krippe liegend. [17]Nachdem sie es aber
gesehen hatten, machten sie überall das Wort bekannt, das ihnen über
dieses Kind gesagt worden war. [18]Und alle, die es hörten, verwunderten
sich über das, was ihnen von den Hirten gesagt wurde. [19]Maria aber be-
hielt alle diese Worte und bewegte sie in ihrem Herzen. [20]Und die Hirten
kehrten wieder um und priesen und lobten Gott für alles, was sie gehört
und gesehen hatten, so wie es ihnen gesagt worden war.
(Lukas 2, 1-20, Schlachter Bibel)

Die Geburt von Jesus war ein einschneidendes Ereignis für die Weltgeschichte.

Zumindest im Nachhinein. Genau deswegen hat man ja vermutlich auch die ganze Zeitrechnung danach eingeteilt.

Zur Zeit, als Jesus geboren wurde, hat das aber noch niemanden besonders interessiert. Ein armes Kind, zur Welt gebracht von einer sehr jungen Mutter unter ziemlich asozialen Verhältnissen in einem Stall – da schaut man doch lieber weg!

Oder?

Allein der Gedanke ist schon ziemlich unvorstellbar: Da kommt Gott, der Herr über die ganze Welt, tatsächlich auf die Erde! Oder er schickt seinen Sohn – die beiden sind ja irgendwie die gleichen, wir glauben ja an Gott als den Vater, den Sohn Jesus und den Heiligen Geist.

Er verlässt also seinen Platz im Himmel, im Paradies und kommt zu uns auf die Erde.

Freiwillig!

Allein das ist schon mal krass.

Aber dass er dann auch noch als kleines wehrloses Kind zu uns kommt, das auch noch unter solchen Verhältnissen das Licht der Welt erblickt – das gibt's doch nicht!

Die Story geht aber noch weiter: Sein ganzes Erwachsenen-Leben kümmert sich Jesus um die Ärmsten der Armen. Er geht immer dorthin, wo die Not am größten ist, wo das Schicksal am gemeinsten zugeschlagen hat. Mit praktisch unendlicher Geduld kümmert er sich um uns Menschen. Ganz am Ende bezahlt er dazu noch den höchsten Preis. Er lässt sich erniedrigen, foltern und qualvoll umbringen!

Alles freiwillig!

Alles für uns!

Mal ehrlich: Wenn man sich einen Gott wünschen könnte – wenn man sich wirklich ganz frei aussuchen könnte, wie Gott sein soll – würde nicht genau dieser Gott herauskommen? Dieser Gott, wie er sich uns in Jesus Christus so eindrucksvoll gezeigt hat?

Haben wir nicht den besten Gott, den man sich überhaupt vorstellen kann?

Die unglaubliche Geschichte von Gott und uns Menschen hat zwar nicht mit der Geburt von Jesus angefangen. Aber damals, im Stall von Bethlehem hat sie die entscheidende Wendung genommen! Deshalb ist Weihnachten zurecht ein riesiges Freudenfest – wir sollten nur bei den ganzen Geschenken, dem Feiern und den bunten Lichtern nicht vergessen, WAS wir an Weihnachten eigentlich feiern!

Und vor allem: WEN!

Zum Nachdenken:

Vielleicht hast du Lust, mal zu recherchieren, wie das in anderen damaligen Religionen mit dem Verhältnis zwischen Gott (oder Göttern) und den Menschen war – zum Beispiel in der römischen oder der griechischen Religion. Vielleicht wird dann ziemlich schnell klar, wie krass anders unser Gott ist – wie nahe er uns Menschen in Gestalt seines Sohnes gekommen ist, vollkommen freiwillig übrigens!

Lesetipp:

Zwei der Evangelien berichten uns aus ihrer jeweils eigenen Sicht über die Geburt Jesu. Markus schreibt gar nichts darüber, ihm war das Leben von Jesus und sein Tod am Kreuz offensichtlich wichtiger als die Umstände seiner Geburt.

Johannes erzählt weniger, wie sich die Geschichte tatsächlich zugetragen hat, sondern erklärt vielmehr die Bedeutung der Geburt Jesu für uns Menschen.

Lukas berichtet ziemlich genau – das haben wir ja gelesen. Matthäus macht es ähnlich wie Lukas, allerdings kommen bei ihm andere Dinge vor, zum Beispiel die Heiligen Drei Könige.

Vielleicht hast du Lust, auch den Bericht von Matthäus über die Geburt von Jesus zu lesen. Dieser Bericht steht in Kapitel 1 und 2 des Matthäusevangeliums.

Cliffhanger:

Jesus war ein ungewöhnlicher Mensch. Sein öffentliches Leben dauerte zwar nur wenige Jahre, aber trotzdem haben seine Worte und Taten riesigen Eindruck hinterlassen. Welches Gebot ihm am wichtigsten war – ein Gebot, das er auch in seinem eigenen Leben kompromisslos umgesetzt hat. Genau darum geht es im nächsten Kapitel …

2. LOVE IS THE ANSWER!

Die Bergpredigt

Was ist eigentlich das allerwichtigste Gebot?

Kann man sich für ein bestimmtes entscheiden?

Oder gibt es eine Zusammenfassung?

Die 10 Gebote sind ja schon so eine Art Zusammenfassung. In der Bibel gibt es nämlich noch viel mehr Regeln und Gebote. Aber vielleicht gibt es eine Möglichkeit, die 10 Gebote noch knapper zusammenzufassen. So dass sie sich auch wirklich jeder merken kann.

Genau diese Frage – die Frage nach dem wichtigsten Gebot – hat ein gelehrter Mann auch Jesus gestellt. Und Jesus antwortete folgendermaßen:

[29]*Das erste Gebot unter allen ist: „Höre, Israel, der Herr, unser Gott, ist Herr allein;*
[30]*und du sollst den Herrn, deinen Gott, lieben mit deinem ganzen Herzen und mit deiner ganzen Seele und mit deinem ganzen Denken und mit deiner ganzen Kraft!" Dies ist das erste Gebot.*
[31]*Und das zweite ist ihm vergleichbar, nämlich dies: „Du sollst deinen Nächsten lieben wie dich selbst!" Größer als diese ist kein anderes Gebot.*
[32]*Und der Schriftgelehrte sprach zu ihm: Recht so, Meister! Es ist in Wahrheit so, wie du sagst, dass es nur einen Gott gibt und keinen anderen außer*
ihm; [33]*und ihn zu lieben mit ganzem Herzen und mit ganzem Verständnis und mit ganzer Seele und mit aller Kraft und den Nächsten zu lieben wie sich selbst, das ist mehr als alle Brandopfer und Schlachtopfer!*
[34]*Und da Jesus sah, dass er verständig geantwortet hatte, sprach er zu ihm: Du bist nicht fern vom Reich Gottes! Und es getraute sich niemand mehr, ihn weiter zu fragen.*

(Markus 12, 29-34, Schlachter Bibel)

Na also, geht doch!

Knapper kann man es wohl wirklich kaum noch formulieren: Gott lieben – mit allem, was uns zur Verfügung steht.

Und unseren Nächsten wie uns selbst!

Das sollte sich wirklich jeder merken können! Ob es sich auch einfach befolgen lässt, dieses Doppelgebot der Liebe, das ist eine andere Frage.

Zum Nachdenken:

Wie geht das überhaupt: Gott lieben?

Was gehört denn alles dazu?

Ist es mit der Liebe zu Gott vielleicht ein bisschen wie in einer Partnerschaft?

Oder wie innerhalb einer guten Familie?

Einerseits mag das sein. Aber andererseits geht es schließlich um Gott! Gott steht ja nicht auf einer Stufe mit uns?

Mit der Liebe zum Nächsten scheint es ein bisschen einfacher zu sein.

Zumindest auf den ersten Blick.

„Wenn jeder an sich selbst denkt, dann wird keiner vergessen?"

Stimmt, oder?

Man kann schwer widersprechen, die Aussage ist ja schließlich richtig!

„Wenn jeder an sich selbst denkt …" – drückt das nicht auch unsere menschliche Grundeinstellung aus? Wer denkt denn nicht zuerst an sich selbst? Das tun wir doch alle – und das ist doch eigentlich auch nicht schlecht. So ist immerhin an jeden gedacht, keiner wird vergessen.

Dann müsste es uns aber doch allen gut gehen! Jeder hat schließlich jemanden, der an ihn denkt und als erstes für ihn sorgt.

Warum läuft es dann einfach nicht rund auf dieser Welt?

Woran liegt es, dass es nach wie vor so viel Not und Elend auf der Welt gibt?

Klar, wir haben unterschiedliche Voraussetzungen. Sehr unterschiedliche sogar.

Es gibt bekanntlich Schlaue und weniger Schlaue, es gibt Junge und Alte, Kranke und Gesunde, Starke und Schwache, … und manch einer kann auch überhaupt gar nicht für sich selbst sorgen. Andere vielleicht nur eingeschränkt.

Was ist dann mit diesen Menschen?

Wer denkt an sie zuerst, wer sorgt dafür, dass es ihnen möglichst an nichts fehlt?

Wir merken: Wenn jeder an sich selbst denkt, wird zwar keiner vergessen. Aber es ist noch lange nicht gesagt, dass dann auch für jeden ausreichend gesorgt ist.

Damit es wirklich allen möglichst gut gehen kann, braucht es offenbar doch die Nächstenliebe. Wir müssen uns gegenseitig unterstützen, das Wohl der anderen auch im Blick haben – sonst wird das nichts mit einer besseren und gerechteren Gesellschaft.

Das widerspricht unserem Egoismus. Dieser Egoismus ist vielleicht ein Stück weit natürlich. Aber gut ist er deswegen noch lange nicht. Die Nächstenliebe ist der einzige Weg zu mehr Menschlichkeit und Gerechtigkeit auf dieser Welt, quasi der Schlüssel dazu.

Nächstenliebe birgt allerdings auch Gefahren.

Wenn jemand konsequent Nächstenliebe praktiziert, kann er leicht von anderen ausgenutzt werden.

Vielleicht hat Jesus deshalb zwei geniale Sicherungen in sein Gebot eingebaut.

Erstens: Es gilt für alle! Wenn sich wirklich alle an das Gebot der Nächstenliebe halten, wird auch keiner mehr ausgenutzt!

Zweitens: Man soll seinen Nächsten lieben „wie sich selbst“. So, als hätte Jesus schon gewusst, dass sich sowieso nicht alle Menschen an sein Gebot halten werden. Aus diesem Grund hat er wohl diese zweite Sicherung eingebaut. Damit ist jeder davor geschützt, vor lauter Nächstenliebe sein eigenes Wohlergehen zu vergessen.

Ganz schön durchdacht, dieses Gebot, finde ich!

Das Doppelgebot der Liebe weist also in drei verschiedene Richtungen:

- Nach oben – zu Gott!
- Nach links und rechts – zu meinen Mitmenschen!
- Nach innen – zu mir selbst!

Aber damit noch nicht genug!

Jesus wäre nicht Jesus, wenn er nicht noch mehr Tipps auf Lager hätte, noch krassere Gebote!

Jesus weiß nämlich ganz genau: Wer nur seine Freunde liebt, ist nichts Besonderes. Das tun schließlich alle.

Mehr noch:

Wer seinen „Nächsten“ liebt und ihm Gutes tut, der ist nett.

Aber nur nett sein reicht Jesus nicht!

Manche behaupten heute sogar, „nett“ sei nur der kleine Bruder von „scheiße“!

Das reicht also auf keinen Fall, um eine Gesellschaft zu revolutionieren; oder um die Welt zu retten.

Nichts Geringeres hat Jesus schließlich vor.

Die Bergpredigt aus dem Matthäusevangelium enthält viele grundlegende Aspekte der Botschaft von Jesus. Besonders eindrucksvoll ist, was Jesus dort über das Verhältnis zu Feinden sagt:

[43]Ihr habt gehört, dass gesagt ist: Du sollst deinen Nächsten lieben und
deinen Feind hassen. [44]Ich aber sage euch: Liebt eure Feinde, segnet, die
euch fluchen, tut wohl denen, die euch hassen, und bittet für die, welche
euch beleidigen und verfolgen, [45]damit ihr Söhne eures Vaters im Him-
mel seid. Denn er lässt seine Sonne aufgehen über Böse und Gute und
lässt es regnen über Gerechte und Ungerechte. [46]Denn wenn ihr die liebt,
die euch lieben, was habt ihr für einen Lohn? Tun nicht auch die Zöllner
dasselbe? [47]Und wenn ihr nur eure Brüder grüßt, was tut ihr Besonderes?
Machen es nicht auch die Zöllner ebenso? [48]Darum sollt ihr vollkommen
sein, gleichwie euer Vater im Himmel vollkommen ist!
(Matthäus 5, 43-48, Schlachter Bibel)

Heftig, oder?

Es reicht also nicht, nur seine Freunde zu lieben.

Es ist auch nicht genug, hilfsbedürftigen Fremden Gutes zu tun!

Wir sind doch tatsächlich dazu aufgerufen, unsere Feinde zu lieben!

Leute, die uns nicht mögen; Menschen, die uns nur Schlechtes wünschen;Typen, die uns Böses getan haben und vielleicht noch immer tun! Ausgerechnet diese Menschen sollen wir lieben??

Geht's noch?

Geht das überhaupt?

Und wo ist der Sinn dahinter?

Vielleicht mal ganz langsam, ganz von vorn:

Gott liebt mich!

Gott liebt aber nicht nur mich, er liebt alle!

Also auch meine Feinde!

Gott will, dass es mir gut geht.

Gott will aber auch, dass es meinen Feinden gut geht.

Vor allem aber möchte er, dass wir gar keine Feinde mehr sind!

Dieses Ziel erreicht man aber nur, wenn man Streit und Konflikte nicht weiter eskaliert.

Ganz früher gab es das System der Blutrache:
Eine böse Tat wurde mit einer noch böseren Tat gerächt!

Dann kam das Gebot aus dem Alten Testament: „Auge um Auge, Zahn um Zahn" (2. Mose 21, 24), hieß es da. Gemeint war damit, dass jede böse Tat eine gerechte Strafe verdient. Der Täter sollte nicht durch noch Schlimmeres bestraft werden; er sollte vielmehr eine Strafe auferlegt bekommen, die ungefähr gleichwertig zu dem war, was er getan hat. Im Vergleich mit dem System der Blutrache immerhin schon ein Fortschritt.

Jesus setzt dieser Entwicklung sozusagen die Krone auf.
Indem er fordert, dass man seine Feinde lieben soll.
Ja, das ist ganz schön krass.
Aber auch ganz schön cool!

Und es ist vielleicht das beste Rezept, diese Welt zu einer besseren Welt für uns alle zu machen.

Lesetipp:

In der Bergpredigt gibt Jesus uns noch ein paar ganz praktische Tipps, wie es aussehen kann mit der Liebe zu unseren Nächsten – und sogar zu unseren Feinden.

Die Bergpredigt enthält noch viele andere bekannte Aussagen von Jesus. Sie steht im Matthäusevangelium in Kapitel 5-7. Vielleicht willst du sie ja ganz lesen – es sind nur wenige Seiten, aber die haben es in sich!

Cliffhanger:

Seine Feinde lieben? Das geht doch gar nicht, oder?
Jesus hat nicht behauptet, dass es leicht sei. Aber er hat versprochen, dass er uns dabei helfen möchte. Wenn wir zu ihm kommen.

Im Gebet.

Ums Gebet geht es übrigens auch im nächsten Kapitel …

3. ZEIT MIT GOTT!

Vom Beten

Beziehungen brauchen Zeit!

Mit allen Beziehungen ist das so. Egal, ob es um Beziehungen in der Familie, unter Freunden oder auch im Beruf geht. Man muss sich Zeit dafür nehmen!

Auch die Beziehung zu Gott braucht Zeit!

Zeit mit Gott zu verbringen, bedeutet Beten!

Gebet besteht nicht nur darin, dass wir Gott um etwas bitten. Gebet besteht auch aus anderen Dingen wie Dank und Anbetung, Bitten für andere, Zuhören und Stille.

Beten ist gelebte Beziehung mit Gott!

Umgekehrt bedeutet das: Wer nicht betet, hat auch keine Beziehung zu Gott – zumindest keine lebendige!

Auch Jesus hat gebetet. Besonders vor wichtigen Entscheidungen und einschneidenden Erlebnissen hat er mit seinem Vater geredet. Sogar ziemlich viel und ziemlich lange. Aber lest am besten selbst, so steht es in der Bibel – diesmal ist es nur ein Vers:

In jener Zeit zog sich Jesus auf einen Berg zurück, um zu beten.
Die ganze Nacht verbrachte er im Gebet.
(Lukas 6, 12, Neue Genfer Übersetzung)

Nach dieser Gebetsnacht hat Jesus aus seinen Jüngern die zwölf Apostel ausgewählt – eine ziemlich wichtige Entscheidung. Jesus hat aber nicht nur vor solchen Entscheidungen gebetet. Er hat überhaupt viel Zeit mit Gott im Gebet verbracht. Wertvolle Zeit.

Auch uns würde es vermutlich nicht schaden, mehr von unserer Zeit ins Gebet zu investieren. Auch in unserem Leben gibt es schließlich wichtige Entscheidungen, schwierige Situationen und besondere Momente. Wie hilfreich und wohltuend es sein kann, gerade an solchen Gelegenheiten zu beten, erfahren wir erst dann, wenn wir es tun. Das gilt aber nicht nur für diese besonderen Gelegenheiten, sondern auch für unseren Alltag. Wie oft und wie viel wir beten, ist immerhin auch ein Anzeichen dafür, wie ernst wir die Sache mit Gott nehmen. Gott ist bestimmt nicht angewiesen auf unsere Gebete.

Aber wir!

Bekanntlich werden nicht all unsere Gebete erhört. Zumindest nicht so, wie wir uns das so vorstellen. Das war übrigens schon bei Jesus so. Verzweifelt hat er gebetet, dass er vom Tod am Kreuz verschont bleibt; dass ihm dieses furchtbare Schicksal erspart bleibt.

Sein Gebet wurde nicht erhört. Zumindest nicht so, wie er es sich in diesem Moment gewünscht hat.

Dieses Gefühl kennen wir vermutlich. Allerdings geht es bei unseren Gebeten natürlich nicht immer um solche krassen Dinge. Aber auch unsere Gebete werden nicht immer erhört. Gott erfüllt uns nicht alle unsere Wünsche, obwohl wir ihn manchmal regelrecht damit nerven. Obwohl wir scheinbar ganz genau wissen, dass es doch das Beste wäre. Trotzdem werden manche Gebete scheinbar nicht erhört.

Es könnte natürlich daran liegen, dass Gott keine Maschine ist. Er ist kein Computer, den man programmieren kann und der dann bestimmte Anweisungen oder Bitten einfach ausführt.

Das macht die Sache einerseits kompliziert. Es fällt natürlich schwer, weiter auf Gott zu vertrauen, wenn unsere Bitten nicht erhört werden.

Andererseits – was wäre das für ein Gott, dessen Handlungen wir steuern könnten? Ein Gott, der keinen eigenen Willen hat, keine eigene Meinung? Der einfach nur darauf wartet, wer am meisten bettelt – und diese Wünsche dann erfüllt?

Richtig, das wäre gar kein Gott!
Deswegen ist Beten Beziehungspflege!
Pflege unserer Beziehung zu Gott.
*Ge*hört werden unsere Gebete nämlich auf jeden Fall – auch wenn nicht alle *er*hört werden!

Manchmal entstehen aber tatsächlich auch einfach schöne Geschichten zum Thema Gebet – so wie diese:

Im Religionsunterricht der Klasse 9:
Unterschiede zwischen den Fächern Religion und Ethik?
Keine Ahnung!
Woher soll ich denn das wissen?
Warum fragt der auch so was?
Er ist doch der Reli-Lehrer.
Dann müsste er das doch selber am besten wissen!

Langsam schiebe ich den Kaugummi in die rechte Backe und hoffe, dass der Lehrer ihn nicht gesehen hat. Kaugummikauen ist im Unterricht verboten. Dabei soll dadurch doch das Gehirn angeregt werden.

„Was machen denn eure Freunde in Ethik? Erzählen die nie was vom Unterricht?"
Die Fragerei geht offensichtlich weiter. Hoffentlich sieht Herr Müller mein Grinsen nicht! Meine Jungs erzählen schon was von Ethik, aber meistens hat das mit Frau Kern, der Ethik-Lehrerin zu tun. Die ist nämlich ultra-hübsch. Auf den Unterricht kann sich da wohl kaum jemand konzentrieren; zumindest keiner von den Jungs.

„Also ich habe gehört, da geht es um so Dinge wie Regeln und Gesetze."
„Ja, genau. Was richtig und falsch ist."
„Ums Gewissen. Wie wir miteinander umgehen sollen."
„Und um die Weltreligionen!"
„Aber das Christentum kommt doch auch vor, oder?"

War ja klar. Die Streber melden sich wieder und machen mit. Die meisten Coolen halten sich eher zurück. Wie immer halt.

„Stimmt", meint der Lehrer. „Ihr habt alle recht. Aber um was geht es dann in Religion?"

Täusche ich mich oder hat er gerade wirklich mich angeschaut? Sollte ich vielleicht auch was zum Unterrichtsgeschehen beitragen?

Doch Manuel ist schneller.

„Ist doch klar!", höre ich meinen Kumpel sagen. „In Religion geht es doch genau ums Gleiche! Oder etwa nicht?"

Ich kann geradezu fühlen, wie er mich hilfesuchend von der Seite her anschaut. Dazu muss ich nicht mal den Kopf drehen.

„Klar, Mann", sage ich. „Eigentlich könnte man doch gleich ein Fach draus machen, also aus Ethik und Religion."

Dann hätten wir nämlich auch Frau Kern, die hübsche Lehrerin, denke ich mir. Aber davon sage ich natürlich nichts. Man muss schließlich wissen, was man besser für sich behält.

Zustimmendes Gemurmel von meinen Jungs.

In der ersten Reihe meldet sich aber Melanie. War ja klar, dass die wieder was zu sagen hat.

„Geht es in Religion nicht irgendwie mehr um Gott als in Ethik?"

Sie hat kaum ausgeredet, als auch schon die Hände ihrer Freunde und Freundinnen nach oben gehen.

„Stimmt", meint dann auch Sarah, nachdem sie aufgerufen wurde. „Ich glaube, in Reli behandelt man die Themen mehr so von innen heraus, oder?"

Hilfesuchend schaut sie ihre Freundinnen an.

Die nicken eifrig.

Wie immer.

„Okay, interessant", meint Herr Müller. „Was meinen denn die anderen dazu?"

Ich sehe, wie sein Blick zu mir und meinen Freunden wandert. Wie immer reicht es dem Religionslehrer nicht, wenn nur die Schlauen was sagen.

„Was meinst denn du dazu, Alex?", fragt er und schaut mich jetzt direkt an. War ja klar, immer bei den schwierigen Fragen komme ich dran.

„Keine Ahnung", sage ich und lehne mich betont lässig zurück. „Sie sind doch der Lehrer!"

Gespanntes Schweigen.

Was wird der Angesprochene wohl machen?

Bin ich zu weit gegangen?

Doch der lächelt. „Stimmt! Ich bin der Lehrer? Genau deswegen interessiert mich ja auch deine Meinung."

Ich nicke zustimmend. Das ist sein gutes Recht, denke ich. Aber was ist, wenn ich dazu gar keine Meinung habe, weil es mir einfach egal ist. Scheinbar hat Herr Müller erkannt, dass bei mir gerade nichts zu holen ist.

Er lässt seinen Blick wieder über die Klasse schweifen: „Zu diesem Thema würde ich euch gern eine kleine Geschichte erzählen", sagt er und setzt sich dabei auf die Kante des Pults. Ich nutze die Zeit, um meinen Kaugummi in die linke Backe zu schieben und freue mich.

Ich höre unheimlich gern Geschichten. Ich würde das zwar nie zugeben, aber seit meine Oma mir damals immer abends aus dem Märchenbuch vorgelesen hat, weiß ich das. Zuhause erzählt mir leider niemand mehr eine Geschichte, seit meine Oma gestorben ist.

Ich glaube, den anderen geht es genauso.

Es ist immer mucksmäuschenstill im Klassenzimmer, wenn Herr Müller erzählt.

„Chillig", flüstere ich Manuel zu und lege den Kopf auf die Arme.

„Ihr wisst doch, was Anwärter sind, oder?", beginnt Herr Müller.

Allgemeines Nicken.

Klar wissen wir das.

Leute, die Lehrer werden wollen und deswegen bei einem anderen Lehrer dabei sind, zuschauen und auch selber Unterricht halten. Meistens sind die ganz in Ordnung, weil sie sich viel Mühe mit den Schülern geben.

„Ist ja logisch, ihr seid ja auch schon ein paar Jahre auf der Schule", meint Herr Müller. „Natürlich wisst ihr, was Anwärter sind. Ihr wisst ja eigentlich auch, dass Kaugummis im Unterricht verboten sind!" Pause.

„Oder Alex?"

Mist!

Erwischt!

Wieder einmal!

Während die ganze Klasse grinst, tappe ich auf einen Wink von Herrn Müller zum Mülleimer und entsorge das verbotene Genussmittel.

Dann beginnt Herr Müller: „Es war vor einigen Jahren im Religionsunterricht in Klasse 9. Ich sitze weiter hinten im Klassenraum, während eine Anwärterin unterrichtet. Als die Schüler eine Aufgabe bearbeiten, lasse ich den Blick über die Klasse schweifen. Eine Schülerin, die sonst meistens gut aufgelegt ist, fällt mir auf. Sie sieht heute sehr blass und gestresst aus. Ich stehe leise auf, gehe hin und frage, ob alles in Ordnung ist. Sie nickt nur und weicht meinem fragenden Blick aus.

Ich gehe zurück zu meinem Platz.

Wenig später, noch immer Stillarbeit, steht die Schülerin auf und kommt zu mir. Sie bittet mich, mit ihr hinauszugehen. Ich habe kurz der Anwärterin Bescheid gesagt und bin dann mit der Schülerin vor das Klassenzimmer gegangen.

Vor der Tür erzählt die Schülerin, dass ihre ältere Schwester seit heute Nacht nach einem Hirnschlag im Koma liegt, sie notfallmäßig in das Universitätsklinikum verlegt wurde und dass auch die Ärzte nicht sagen können, ob sie die nächsten Tage überlebt – und falls ja, inwieweit sie behindert sein wird. Die Schülerin bittet mich, für ihre Schwester zu beten."

Herr Müller macht eine kurze Pause. Es ist mucksmäuschenstill im Klassenzimmer.

„Also haben wir beide die Hände gefaltet und zusammen für die Schwester der Schülerin gebetet, draußen vor dem Klassenzimmer, während drinnen die anderen an der Aufgabe weitergearbeitet haben. – Wochen später habe ich erfahren, dass die Schwester entgegen den Erwartungen doch überlebt hat."

Als sich leises Gemurmel in der Klasse ausbreiten will, hebt Herr Müller nur den Finger an die Lippen. Dann fährt er fort: „Ein gutes Jahr später war dann die Abschlussfeier der zehnten Klassen in der Stadthalle. Auf der anschließenden Party der Schüler habe ich auch noch kurz vorbeigeschaut. Die Schülerin, mit der ich damals gebetet habe, kommt auf mich zu. Bei der lauten Musik kann ich anfangs kaum hören, was sie sagt. Doch sie zeigt auf eine junge, hübsche und ganz offensichtlich gesunde Frau, die am Rande der Tanzfläche steht. Und auf einmal verstehe ich ihre Worte: „Sehen Sie, das ist meine Schwester!"

Die Schülerinnen in der ersten Reihe beginnen, aber es dauert nur zwei Sekunden, bis die ganze Klasse Beifall klatscht. Herr Müller, den die Geschichte offensichtlich selber auch nicht ganz unberührt gelassen hat, wischt sich einmal über die Augen, bevor er die Hand hebt und die Klasse sich wieder beruhigt.

„Ich behaupte, so etwas passiert in Ethik nicht. Weil man in Ethik vielleicht ÜBER Gott redet, aber nicht mit ihm rechnet! Das ist der Unterschied – Religion geht tiefer. Religionsunterricht hat eine Dimension mehr! In Religion redet man nicht nur ÜBER Gott, sondern auch MIT Gott!"

„Aber natürlich funktioniert es mit dem Beten nicht immer so wie ich gerade erzählt habe. Gott erfüllt ja nicht alle unsere Wünsche auf Bestellung. Er ist ja schließlich keine Maschine."

„Wie nennt man eigentlich das Reden mit Gott, Alex?"

Sekundenschnelle Antwort. Schließlich habe ich aufgepasst!

„Beten! Ist doch klar!"

Nicken.

„Sehr schön. Du darfst uns zur nächsten Stunde dein Lieblingsgebet mitbringen, Alex. Falls du keines weißt, dann suchst du dir eben eins. Du weißt schon, wegen des Kaugummis …"

Es klingelt zur Pause.

Die ganze Klasse grinst vor sich hin.

Und nicht einmal ich kann ihm böse sein, dem Herrn Müller.

Zum Nachdenken

Dieses Mal gibt es zum Nachdenken ein Gebet. Ein Gebet, wie es vielleicht manchen der Schüler/innen in den Sinn kommen könnte. Vielleicht passt dieses Gebet ja auch auf die ein oder andere Situation in deinem Leben …

Lieber Gott!
Schule macht keinen Spaß!
Meistens, jedenfalls!
Leider gilt das manchmal auch für den Reli-Unterricht.
Dabei müsste mich das eigentlich interessieren.
Schließlich geht es dabei doch um mich,
und um dich!

Trotzdem bin ich meistens froh,
wenn die Stunde endlich vorbei ist;
wenn es wieder einmal niemand gemerkt hat,
dass ich eigentlich schon an dich glaube.

Ich weiß ja, dass es nicht fair ist,
schließlich soll man zu seinen Freunden stehen.
Und das bist du doch: Mein Freund – und mein Gott!

Loyalität sieht anders aus – ich weiß!
Danke, dass du es damit besser drauf hast als ich!
Amen!

Lesetipp:

Man kann natürlich frei beten, in eigenen Worten. Manchmal ist es aber auch hilfreich, bekannte Worte und Sätze fürs Gebet zu nutzen. Nicht immer fällt einem schließlich das Passende ein – manchmal fehlen einem einfach die Worte.

Auch wenn man gemeinsam laut betet, zum Beispiel im Gottesdienst, bieten sich solche feststehenden Gebete an. Das bekannteste ist das Vaterunser. Dieses Gebet geht auf Jesus selbst zurück und es verbindet uns mit Christinnen und Christen aller Konfessionen auf der ganzen Welt.

Vielleicht hast du Lust, nachzulesen, mit welchen Worten Jesus seinen Jüngern dieses Gebet vorgestellt hat – Matthäus 6, 5-15.

Cliffhanger:

Gott erhört nicht alle unsere Gebete! Aber er hört sie alle! Wenn er unsere Wünsche nicht erfüllt, dann hat das einen Grund. Einen Grund, den wir nicht immer kennen! Aber es liegt nicht daran, dass Gott unfähig ist.

Gott ist allmächtig – er kann einfach alles. Auch Unvorstellbares. So wie im nächsten Kapitel …

4. WER SOLL DAS BITTE GLAUBEN?

Wunder Jesu

Möglichst viele Follower bei Instagram, haufenweise Likes für seine Posts und jede Menge Abonnenten auf dem eigenen YouTube-Kanal – wer will das nicht haben?

Berühmt werden, bekannt sein – das ist immer noch ein Ziel von vielen Menschen.

Dazu gehören nicht nur Jugendliche!

Beliebtheit drückt sich anscheinend immer mehr durch Klicks und Likes aus. Diese Tatsache haben mittlerweile sogar Parteien und Politiker erkannt. Selbst Beiträge der großen Kirchen findet man immer öfter in den sozialen Netzwerken, kleinere Gemeinden sind dort oft schon lange gut vertreten. Eine gute und aussagekräftige Internetpräsenz wird immer wichtiger. Das gilt für Firmen und Unternehmen genauso wie für Vereine oder Gemeinden.

Aber auch für den Einzelnen kann es entscheidend sein, wie man sich online präsentiert. Freunde und Bekannte liken die eigenen Posts und Beiträge. Und erwarten umgekehrt das Gleiche. In vielen Familien sind längst auch die Eltern in verschiedenen sozialen Netzwerken aktiv. Personalchefs googeln die Namen der Bewerber und Bewerberinnen, bevor sie eingestellt werden.

Gerade für Jugendliche ist gutes Aussehen enorm wichtig – auch und gerade in den sozialen Medien. Für den perfekten Online-Auftritt stehen zahlreiche Filter und Bildbearbeitungsprogramme bereit: Hilfsmittel, die einen normalen Durchschnittskörper als durchtrainierte

Sportler-Figur darstellen und die aus manch pickeligem Allerweltsgesicht das Antlitz eines Supermodels zaubern.

Aber wozu das Ganze?

Warum muss man anderen gefallen – um jeden Preis?

Vermutlich werden ja nicht aus allen „gephotoshopten" Online-Schönheiten wirklich Models. Nicht jeder YouTube-Kanal findet genügend Abonnenten, um seinen Besitzer zum Star werden zu lassen. Und auch nicht jeder Instagrammer wird ein berühmter Influencer.

Und selbst wenn, wie lange hält der Ruhm an?

Was bringen einem die vielen Follower tatsächlich?

Wie war das eigentlich früher?

Wie wurden Menschen bekannt und berühmt ohne Internet, soziale Netzwerke und Smartphones?

Auch ohne Massenmedien, ohne TV, ohne Radio, ohne Zeitungen?

Wie war das denn beispielsweise bei Jesus?

Der war ja auf jeden Fall ein Star – zumindest in mancher Hinsicht. Jesus hatte auf jeden Fall mächtige Hater. Die haben es ja schließlich auch geschafft, dass er gekreuzigt wurde.

Er hatte aber auch jede Menge Fans. Massenweise sind die Menschen ihm nachgelaufen, haben begeistert seinen Predigten zugehört und seine Wunder bestaunt.

Als er nach Jerusalem gekommen ist, haben sogar viele Menschen ihre Kleider ausgezogen und ausgebreitet, nur damit Jesus darüber reiten konnte. Dass er das dann auf einem eher armseligen Esel gemacht hat und nicht auf einem teuren Pferd, das zeigt nur, dass Jesus bei aller Berühmtheit keine Star-Allüren hatte.

Ganz unterschiedliche Menschen haben Jesus gefeiert und waren total begeistert von ihm. Nicht nur einer hat alles zurückgelassen, nur um mit diesem Jesus unterwegs sein zu können.

Aber wie hat er es geschafft, überhaupt so bekannt zu werden? Wie haben die vielen Menschen überhaupt von ihm erfahren? Warum hat sich die Nachricht von ihm so rasend schnell herumgesprochen?

Jesus war sicher krass. Es gab aber auch andere krasse Menschen auf der Welt:

Sicher konnte Jesus gut reden und Eindruck bei Leuten hinterlassen, aber das konnten andere auch.

Natürlich war er mutig und tapfer, aber auch das waren andere vor und nach ihm ebenfalls.

Schlau war er auch, und seine Geschichten, Sprüche und Reden sind meisterhaft. Kluge Leute gab es aber auch andere; und Jesus hat nicht einmal selber etwas aufgeschrieben!

Er war auch ein besonders guter Mensch, aber in den letzten 2000 Jahren gab es auch andere gute Menschen. Menschen, die längst nicht so bekannt wurden.

Ja, er ist sogar für seine Überzeugung in den Tod gegangen – aber selbst das haben auch andere schon gemacht.

Man sieht, dass es schon viele außergewöhnliche Menschen gab auf der Welt.

Was also ist das Alleinstellungsmerkmal von Jesus?

Wie hat er es hinbekommen, dass die Menschen so begeistert waren von ihm?

Gute Frage, oder?

Manche Dinge sind einfach Tatsachen. Tatsachen sind Dinge, die man nicht wegdiskutieren kann. Eine solche Tatsache ist, dass Jesus tatsächlich auf der Erde gelebt hat. Das ist bewiesen: eine Tatsache!

Es gibt auch Beweise dafür, dass er schon damals mega-bekannt war. Also ebenfalls eine Tatsache!

Dass er durch die ganzen bisherigen Jahrhunderte hindurch bekannt geworden und geblieben ist wie niemand anderes – auch das ist eine Tatsache!
Manche Tatsachen verlangen nach einer Erklärung. So auch die letztgenannte. Wie hat es dieser arme Handwerkersohn aus dem letzten Winkel des Römischen Reiches geschafft, so bekannt zu werden.

Wie hat er es hinbekommen, dass seine Freunde auch nach seinem Tod nicht aufgegeben haben, sondern genau das Gegenteil davon gemacht haben.

Wie konnte er einen solchen Eindruck hinterlassen, dass Millionen Menschen auf der ganzen Welt ihn tatsächlich für Gottes Sohn halten?

Eigentlich gibt es nur eine logische Erklärung dafür, auch wenn diese Erklärung vielleicht unlogisch klingt: Jesus muss Dinge gemacht haben, die kein einziger anderer Mensch jemals getan hat!

Die Sachen, die man als Wunder bezeichnet, wo Jesus Menschen geheilt hat, Wasser zu Wein gemacht oder Tote auferweckt hat, diese Dinge müssen wirklich passiert sein! Das ist die einzige logische Erklärung dafür, dass Jesus so bekannt geworden ist und dass sein Name auch heute den allermeisten Menschen auf der Welt ein Begriff ist.

So unglaublich die Wundergeschichten auch klingen mögen – sie sind die einzige Erklärung für den Erfolg von Jesus aus Nazareth.

Zum Nachdenken:

Wie viele Wundergeschichten von Jesus fallen dir ein?
Erstelle eine gedankliche Liste. Kommst du bis fünf?

...

Hast du vielleicht festgestellt, dass du gar nicht so viele Wundergeschichten von Jesus kennst? Und auch, dass du immer noch nicht glauben kannst, dass sie wirklich passiert sind?

Keine Sorge, das geht vielen Menschen so.

Das ging damals sogar den Jüngern von Jesus so. Die Jünger konnten sich ganz offensichtlich auch nicht vorstellen, zu was Jesus in der Lage war. Und das, obwohl sie doch schon viele Wunder direkt miterlebt hatten, aus allernächster Nähe.

Trotzdem hatten sie immer wieder Angst. Manchmal sogar Todesangst. Sie waren nicht in jedem Fall überzeugt davon, dass Jesus ihnen helfen konnte – und es auch tun würde. So wie in dieser bekannten Geschichte. Jesus und seine Jünger waren umgeben gewesen von vielen Menschen. Er hatte viele Leute geheilt, Fragen beantwortet und Dinge erklärt. Jetzt – am Abend – wollte er mit seinen Jüngern in einem Boot über den See Genezareth fahren.

So steht es in der Bibel:

23Und er trat in das Schiff, und seine Jünger folgten ihm nach. 24Und siehe, es erhob sich ein großer Sturm auf dem See, sodass das Schiff von den Wellen bedeckt wurde; er aber schlief. 25Und seine Jünger traten zu ihm, weckten ihn auf und sprachen: Herr, rette uns! Wir kommen um! 26Da sprach er zu ihnen: Was seid ihr so furchtsam, ihr Kleingläubigen? Dann stand er auf und befahl den Winden und dem See; und es entstand eine große Stille. 27Die Menschen aber verwunderten sich und sprachen: Wer ist dieser, dass ihm selbst die Winde und der See gehorsam sind?
(Matthäus 8, 23-27, Schlachter Bibel)

Ja, ich weiß, auch diese Geschichte kann man kaum glauben. Immerhin wird berichtet, dass Jesus mal eben so kurz nach dem Aufwecken einen tobenden Sturm zum Schweigen bringt. Mit einem Schlag! Einen Sturm, der sogar erfahrene Fischer um ihr Leben fürchten ließ. Dieser Jesus steht einfach auf und sorgt mit einer klaren Ansage für Ruhe.

Vorstellen kann man sich das Ganze wirklich kaum.

Zugegeben!

Aber vielleicht bist du mal ganz ehrlich:

Wer ist aktuell dein größter Star, dein Idol?

Glaubst du wirklich, dass in 50 Jahren noch jemand von ihm oder ihr spricht?

In 100 Jahren?

In 2000 Jahren?

Jesus hat es nicht nur geschafft, in seiner damaligen Umgebung zu einer echten Berühmtheit zu werden. Er hat es vielmehr sogar hinbekommen, dass er auch 2000 Jahre nach seinem Tod zu den bekanntesten Menschen der Geschichte zählt.

Er MUSS ganz einfach krasser gewesen sein als alle anderen!

Er MUSS unglaubliche Dinge getan haben! So wie in der Geschichte, als er mal eben quasi nebenbei beweist, dass selbst der Wind und die Wellen ihm gehorchen. Sonst hätte er es nicht geschafft, so bekannt zu werden – und zu bleiben!

Wenn du die Wundergeschichten mit Jesus nicht so richtig glauben kannst, bist du damit nicht alleine. Es ist wirklich kaum vorstellbar, dass solche Dinge passiert sein können.

Andererseits müssten wir dann eine andere Erklärung für den Erfolg von Jesus finden – und das werden wir wohl nicht ☺

Lesetipp:

In Kapitel 8 des Matthäus-Evangeliums werden noch andere Wunder von Jesus berichtet. Vielleicht hast du Lust, diese Geschichten auch noch zu lesen.

Ja, sie klingen vielleicht genauso unglaublich! Aber auch für sie gilt das Gleiche: Wie hätte Jesus es sonst geschafft …

Cliffhanger:

Jesus hat Menschen in seinen Bann gezogen. Seine Wunder waren dafür bestimmt entscheidend. Jesus war aber auch ein genialer Geschichten-Erzähler! Seine Geschichten nennt man Gleichnisse. Einige dieser Gleichnisse zählen zu den bekanntesten Texten der Bibel.

Ein Beispiel gefällig?

Gerne – einfach im nächsten Kapitel weiterlesen.

5. LOST … AND FOUND!

Gleichnisse vom Verlorenen

„Ja?“

Die Stimme aus der Sprechanlage klingt ziemlich verschlafen, obwohl es schon um die Mittagszeit ist.

„Paket“, lautet die Antwort, woraufhin aus der Sprechanlage nur ein etwas genervter Seufzer dringt. Kurz darauf sind schlurfende Schritte zu hören, bevor sich dann tatsächlich die Haustür des Wohnblocks öffnet.

Im Türrahmen erscheint ein Teenager in Jogginghosen. Sein Gesicht wirkt blass und übernächtigt. Ganz offensichtlich geblendet von der Mittagssonne blinzelt er ins helle Licht. Er scheint noch nicht ganz wach zu sein. Es dauert allerdings keine drei Sekunden, bis ihm merklich ein Schock durch die Glieder fährt.

Geklingelt hat nämlich keineswegs der erwartete Postbote.

Vor der Tür steht vielmehr sein Klassenlehrer!

Dieser lächelt ihn freundlich an und entschuldigt sich auch gleich dafür, dass er gelogen hat: „Sonst hättest du mir bestimmt nicht aufgemacht, oder Lukas?“

Der Angesprochene nickt ergeben.

Mit freundlicher Stimme fährt der Lehrer fort: „So, und vielleicht kannst du mir jetzt erklären, warum du in den letzten Wochen so oft den Unterricht geschwänzt hast.“ Abwehrend hebt er die Hände, als sein Schüler zu einer Antwort ansetzt: „Einen Moment noch, Lukas. Dass deine Eltern beide den ganzen Tag arbeiten, das weiß ich. Auch, dass sie dich morgens nicht wecken können.“

Der Lehrer blickt sich um. Es ist niemand in der Nähe und er spricht mit gedämpfter Stimme: „Aber ich mache mir Sorgen um dich, Lukas. Du weißt, dass die Schule gut für dich ist. Du hast Freunde in deiner neuen Klasse, alle mögen dich. Warum reagierst du nicht auf meine Anrufe?"

Lukas schaut zu Boden. Er schweigt trotzig.

„Du hast die neunte Klasse schon mal wiederholt", fährt sein Lehrer leise fort, „wenn du dieses Jahr die Versetzung nicht schaffst, musst du unsere Schule verlassen. Willst du das?"

Lukas lässt den Kopf hängen: „Nein", murmelt er und schüttelt traurig den Kopf.

„Aber warum kommst du dann nicht in den Unterricht? Die Klasse mag dich doch. Außerdem ist es ja schließlich nicht das erste Gespräch, das wir deswegen führen?"

„Keine Ahnung", kommt leise die Antwort, „Ich kann mich einfach nicht aufraffen, morgens aufzustehen."

„Schau mal, wie oft habe ich deine Mama schon in der Fabrik angerufen? Die Vorarbeiterin muss sie dann jedes Mal von der Maschine wegholen. Deiner Mama ist das peinlich. So peinlich, dass ich der Vorarbeiterin gar nicht mehr sage, dass ich dein Lehrer bin. Deine Mama weint dann am Telefon – und wenn sie dich abends ermahnt, kommst du am nächsten Tag trotzdem nicht zur Schule! Was soll ich denn machen?"

Betretenes Schweigen.

„Keine Ahnung", kommt dann zögernd die Antwort.

„Lukas, das hier ist auch meine Mittagspause. Ich müsste nicht hier stehen. – Vielleicht dürfte ich das nicht einmal. Aber du bist mir nicht egal. Du bist mein Schüler und ich will dir helfen!"

Der Angesprochene schaut nicht auf.

Wie in Zeitlupe tropft eine Träne auf den Boden.

Eine zweite folgt.

Der Lehrer wendet sich um. Während sein Blick über die langen Reihen geparkter Autos schweift, fährt er leise fort: „Ich möchte nicht, dass du von der Schule fliegst! Du möchtest das ja auch nicht. Also sind wir uns in diesem Punkt ja schon mal einig."

Er dreht sich wieder zu Lukas um.

Der steht noch immer mit gesenktem Kopf auf der Schwelle.

„Na siehst du", fährt sein Lehrer aufmunternd fort. „Ich hätte dich wirklich sehr gerne auch noch nächstes Schuljahr in unserer Klasse. Aber das klappt eben nur, wenn du anwesend bist."

Lukas nickt.

Die Tränen sind offensichtlich versiegt.

„Ich schlage dir einen Deal vor", meint der Lehrer und schaut auf die Uhr. „In einer guten Stunde beginnt mein Nachmittagsunterricht – und deiner! Ich lass' dich jetzt in Ruhe. Du gehst jetzt rein, wäschst dir dein Gesicht, ziehst etwas Ordentliches an – und nachher sehen wir uns pünktlich zur Mittagsschule. Haben wir einen Deal?"

Schweigen.

Dann ein zögerndes „Ja", gefolgt von einem noch leiseren „Danke".

Zum Nachdenken:

1. Muss ein Lehrer so handeln?
2. Darf ein Lehrer überhaupt so handeln?
   Reicht es, wenn ein Lehrer nur das tut, was er unbedingt muss?
3. Reicht es, wenn unser Mitmensch nur das tut, was er unbedingt muss?
4. Reicht es, wenn ICH nur das tue, was ich tun muss?

Die Geschichte von Lukas ist doch nicht schlecht, oder?

Sie ist übrigens nicht erfunden, diese Geschichte. Diesen Lukas, dessen Name natürlich geändert wurde, den gibt es wirklich; und auch seinen Lehrer, der ihn auf diese ungewöhnliche Weise besucht hat, gibt es wirklich.

Sie ist vielleicht nicht ganz schlecht, diese Geschichte. Aber die allerbesten Geschichten stehen meiner Meinung nach in der Bibel! Kein Buch auf der Welt hat mehr krasse, ungewöhnliche, beeindruckende und wertvolle Geschichten zu bieten als die Bibel.

Viele von diesen Geschichten hat Jesus erzählt. Man nennt diese Geschichten von Jesus „Gleichnisse".

Das Geniale an diesen Gleichnissen ist, dass es meist nur ganz kurze, total einfache Geschichten sind. Obwohl diese Geschichten immerhin schon 2000 Jahre auf dem Buckel haben, versteht man die meisten immer noch problemlos.

Gleichzeitig sind diese Gleichnisse aber auch so vielschichtig, dass schlaue Leute und Gelehrte schon viele, viele Bücher über sie geschrieben haben.

Mit den Gleichnissen möchte Jesus uns Dinge verdeutlichen. Dinge, die man anhand einer Geschichte einfach besser versteht. Oder die man sich mit einer Geschichte besser merken kann.

Wie in den folgenden beiden kurzen Gleichnissen.

Was haben diese wohl mit der Geschichte von Lukas zu tun?

So steht es in der Bibel:

1Immer wieder kamen viele Zolleinnehmer und andere verrufene Leute
zu Jesus, um ihn zu hören. 2Die Pharisäer und Schriftgelehrten ärgerten
sich und schimpften: „Mit welchem Gesindel gibt der sich da ab! Er isst
sogar mit ihnen!" 3Da erzählte Jesus ihnen folgendes Gleichnis: 4„Stellt
euch vor, einer von euch hätte hundert Schafe und eins davon geht ver-

loren, was wird er tun? Lässt er nicht die neunundneunzig in der Steppe zurück, um das verlorene Schaf so lange zu suchen, bis er es gefunden hat? [5]*Wenn er es dann findet, nimmt er es voller Freude auf seine Schultern* [6]*und trägt es nach Hause. Dort angekommen ruft er seine Freunde und Nachbarn zusammen: ‚Freut euch mit mir, ich habe mein verlorenes Schaf wiedergefunden!'* [7]*Ich sage euch: So wird auch im Himmel Freude herrschen über einen Sünder, der zu Gott umkehrt – mehr als über neunundneunzig andere, die nach Gottes Willen leben und es deshalb gar nicht nötig haben, zu ihm umzukehren.* [8]*Oder nehmt ein anderes Beispiel: Eine Frau hat zehn Silbermünzen gespart. Eines Tages verliert sie eine davon. Sofort zündet sie eine Lampe an, stellt das ganze Haus auf den Kopf und sucht in allen Ecken.* [9]*Endlich findet sie die Münze. Sie ruft ihre Freundinnen und Nachbarinnen zusammen und erzählt: ‚Ich habe mein verlorenes Geld wiedergefunden! Freut euch mit mir!'* [10]*Genauso freuen sich auch die Engel Gottes, wenn ein einziger Sünder zu Gott umkehrt."*
(Lukas 15, 1-10, Hoffnung für alle)

Den Zusammenhang zwischen der Geschichte von Lukas und den beiden Gleichnissen zu finden, das ist ja nicht gerade schwer. Natürlich macht der Lehrer mehr, als er muss, um seinen Schüler wieder in den Unterricht zu befördern. Er opfert einen Teil seiner Freizeit, und er überschreitet sogar ein Stück weit seine Kompetenzen. Aber er macht das, weil der Schüler ihm offensichtlich am Herzen liegt und er ihm helfen möchte.

Wie schön, dass Gott noch viel mehr unternimmt, um uns zu erreichen. Immer wieder rennt er uns nach, wie der Hirte dem verlorenen Schaf. Er sucht nach uns, wie die Frau nach der verlorenen Münze. Und wenn er uns dann endlich wiedergefunden hat, freut er sich so sehr, dass er am liebsten eine große Party feiern würde. Wer weiß, vielleicht macht er das ja wirklich, eine Party im Himmel. Eine Party aus Freude darüber, wenn er uns wiedergefunden hat, wenn wir wieder zu ihm zurückkommen.

Ist das nicht eine tolle Botschaft?

GOTT, der Herr der ganzen Welt, hat nichts Besseres zu tun, als ausgerechnet nach diesen Menschen zu suchen, die sich von ihm abgewendet haben!

Nichts ist ihm wichtiger, als wir: seine Menschen!

Er möchte mit uns zusammen sein!

Er will, dass es uns gut geht.

Dafür ist ihm keine Mühe zu groß und kein Weg zu weit!

Wie schön!

Zum Nachdenken:

Wie macht Gott das, wenn er Menschen sucht?
Wie erkennt man, dass Gott uns nachläuft?
Woran merkt man, dass wir Gott nicht egal sind?

PS: Die Geschichte mit Lukas ist, wie schon erwähnt, eine wahre Begebenheit. Dieser echte Lukas ist an jenem Tag tatsächlich zur Mittagsschule erschienen.

Seither hat er keinen Tag mehr unentschuldigt gefehlt – und seine Abschlussprüfung hat er mit Erfolg abgelegt!

Lesetipp:

In einem der bekanntesten Gleichnisse von Jesus geht es auch um jemand, der „verloren“ gegangen ist. Vielleicht hast du Lust, die Geschichte zu lesen, sie steht in Lukas 15 und beginnt mit dem Vers 11.

Cliffhanger:

Ja, unser Gott ist ganz schön krass! Er kümmert sich nicht nur um alle „Verlorenen". Er stellt sich sogar auf eine Stufe mit den Menschen, die besonders benachteiligt sind.

Jesus selbst schlüpft praktisch in die Haut der Ärmsten der Armen und hofft auf Hilfe – auch von uns!

Woher ich das weiß?

Es steht immerhin in der Bibel. Aber lest am besten selbst nach – im nächsten Kapitel …

6. KONTAKTANZEIGE: GOTT GESUCHT!

Vom Weltgericht

Hast du schon mal Kontaktanzeigen gelesen?

Er sucht sie?

Sie sucht ihn?

Oder vielleicht auch: Er sucht ihn, Sie sucht sie?

Sei ehrlich!

Fast jeder liest ab und zu solche Anzeigen. Selbst dann, wenn man auf gar keinem Dating-Portal angemeldet ist. Oder wenn man nie auf eine solche Anzeige antworten würde!

Wenn man solche Anzeigen liest, könnte sich einem fast der Gedanke aufdrängen, warum denn alle diese Menschen auf Partnersuche sind? Laut den Beschreibungen sind es doch ausschließlich attraktive, sportliche und tolle Leute – schon komisch, dass alle diese Menschen angeblich auf diese Art der Kontaktsuche angewiesen sind.

Gesucht werden Partner oder Partnerinnen fürs Leben, oder auch nur für unverbindlichen Sex; manche würden auf diesem Weg gern neue Freunde finden, andere suchen eine Begleitung für irgendwelche Urlaubsreisen. Manchmal ist recht genau beschrieben, was der oder die Gesuchte für Eigenschaften haben sollte – wer sich also Chancen ausrechnen kann; und wer gar nicht erst schreiben muss!

Wie würde wohl eine Kontaktanzeige in der Rubrik „Er/sie sucht Gott" aussehen? So eine Rubrik gibt es natürlich nicht.

Nur so zum Spaß könnte man sich das ja aber mal vorstellen: Eine Person sucht nach Gott und erstellt sich zu diesem Zweck ein Profil auf einem Dating-Portal.

Mit welchem Bild und welchen Worten die Person sich selbst beschreibt, ist vielleicht weniger interessant. Es könnte ja schließlich jeder und jede sein. Aber was diese Person für Ansprüche an Gott hat, das wäre bestimmt aufschlussreich.

Wie müsste Gott sein, wenn man ihn sich ganz einfach wünschen könnte?

Vielleicht gibt es ja irgendwo auch eine Art Bausatz. Man kann sich einzelne Komponenten kaufen und daraus seinen Wunsch-Gott basteln.

Welche Komponenten würden wir wohl auswählen?

Welche Eigenschaften sollte er haben, unser Wunsch-Gott?

Allmächtig sollte er vermutlich schon sein, oder? Ein Gott, der dann doch nicht alles kann, das ist doch kein Gott!

Geduld sollte er aber auch haben. Ohne Geduld wird er vermutlich an uns keine Freude haben. Das geht ja schon den meisten Eltern so!

Verständnis für unsere Probleme ist natürlich auch nötig. An wen sonst soll man sich denn wenden, wenn man mal Probleme hat?

Eine Maschine soll er aber bitte nicht sein! Wenn man Gott programmieren könnte wie einen Automaten, dann wäre er ja nicht Gott! Nein, er soll schon seinen eigenen Kopf haben. Aber man sollte ihm vertrauen können, dass er einfach immer den besten Plan hat.

Schön wäre es natürlich auch, wenn er immer Zeit hätte für uns. Obwohl das vielleicht schon ein bisschen viel verlangt wäre! Wo kommen wir denn hin, wenn jeder einfach so zu Gott spazieren kann, ganz ohne Termin?

Ein Waschlappen sollte er dabei aber nicht sein. Klare Kante und fixe Regeln müsste es schon geben. Sonst macht ja jeder, was er will.

Gott sollte aber auch alle Menschen auf einmal im Blick haben. Vor allem diejenigen, denen es schlecht geht. Schön wäre es natürlich, wenn es allen gut gehen würde! Oder wenn er wenigstens versprechen würde, dass am Ende alles gut wird.

Er sollte auch irgendwie registrieren, wenn wir Gutes tun. Natürlich wäre es nicht gut, wenn er uns dazu zwingen würde. Aber wenn er unsere guten Taten wenigstens bemerken würde, wäre das schon ganz beruhigend. Das würde auch motivieren, weiterzumachen.

Ganz wichtig wäre es auch, wenn ihm die Not und das Leid der Menschen nicht egal wären; wenn er mitfühlen könnte mit den Problemen der Menschen, am besten am eigenen Leib.

Ja, genau! So einen Gott gibt es tatsächlich!

So schwer ist ja nicht zu erraten, worauf das Ganze hinausläuft. Gott, wie die Bibel ihn beschreibt, kommt vielen unserer Idealvorstellungen vermutlich doch ziemlich nahe.

Natürlich verstehen wir ihn nicht immer. Vor allem bei Ungerechtigkeit und Leid kann es wirklich schwerfallen, an einen guten, allmächtigen Gott zu glauben.

Aber wenn wir ihn immer verstehen könnten, wäre er dann überhaupt noch Gott?

Zu schade ist er sich jedenfalls für gar nichts! Er hat seinen Sohn für uns sterben lassen. Er stellt sich mit den Armen, Schwachen und Ausgestoßenen auf eine Stufe und erwartet von uns, dass wir diesen Menschen helfen. Wenn wir dies tun, dann bewertet er das genauso, als würden wir ihm selbst etwas Gutes tun.

Er ist kein Gott, der über den Dingen schwebt und angehimmelt werden will. Ganz im Gegenteil. Er kommt zu uns, auf unsere Welt. Gerade dort, wo es Menschen besonders schlecht geht, ist er ihnen besonders nahe.

Besonders deutlich wird dies in der Geschichte vom Weltgericht.

So steht es in der Bibel:

[31]“Wenn der Menschensohn in seiner Herrlichkeit kommen wird und mit ihm alle Engel, dann wird er in königlichem Glanz auf seinem Thron Platz nehmen. [32]Alle Völker werden vor ihm versammelt werden, und er wird die Menschen in zwei Gruppen teilen, so wie der Hirte die Schafe und die Ziegen voneinander trennt. [33]Die Schafe wird er rechts von sich aufstellen und die Ziegen links.

[34]Dann wird der König zu denen auf der rechten Seite sagen: ‚Kommt her, ihr seid von meinem Vater gesegnet! Nehmt das Reich in Besitz, das seit der Erschaffung der Welt für euch vorbereitet ist. [35]Denn ich war hungrig, und ihr habt mir zu essen gegeben; ich war durstig, und ihr habt mir zu trinken gegeben; ich war ein Fremder, und ihr habt mich aufgenommen; [36]ich hatte nichts anzuziehen, und ihr habt mir Kleidung gegeben; ich war krank, und ihr habt euch um mich gekümmert; ich war im Gefängnis, und ihr habt mich besucht.‘

[37]Dann werden ihn die Gerechten fragen: ‚Herr, wann haben wir dich denn hungrig gesehen und dir zu essen gegeben, oder durstig und dir zu trinken gegeben? [38]Wann haben wir dich als Fremden bei uns gesehen und haben dich aufgenommen? Oder wann haben wir dich gesehen, als du nichts anzuziehen hattest, und haben dir Kleidung gegeben? [39]Wann haben wir dich krank gesehen oder im Gefängnis und haben dich besucht?‘

[40]Darauf wird der König ihnen antworten: ‚Ich sage euch: Was immer ihr für einen meiner Brüder getan habt – und wäre er noch so gering geachtet gewesen –, das habt ihr für mich getan.‘(…)“
(Matthäus 25, 31-40, Neue Genfer Übersetzung)

Mit dem Menschensohn meint Jesus sich selbst. Er erzählt hier, wie es sein wird, wenn er irgendwann wieder auf die Erde kommen wird, nachdem er ja vorher gekreuzigt worden war, wieder auferstanden und in den Himmel aufgefahren ist. Es geht hier also um das so genannte Jüngste Gericht, wo alle Menschen beurteilt werden. Dieses Jüngste Gericht findet am Ende der Welt statt, zu einem Zeitpunkt, den nur Gott kennt. Wir Menschen werden dabei vermutlich nach unserem Leben gefragt und inwiefern wir uns an Gottes gute Regeln gehalten haben. Diese Regeln, die dafür sorgen sollen, dass es allen gut geht und die zeigen, dass wir eine Verantwortung auch gegenüber unseren Mitmenschen haben.

Jesus macht an dieser Stelle besonders deutlich, wie sehr ihm am Herzen liegt, dass wir uns gerade um die Ärmeren und Schwächeren kümmern sollen. Kein Mensch soll unbeachtet und ohne Hilfe bleiben – und jedes Mal, wenn wir jemandem beistehen, der Hilfe braucht, ist es so, als würden wir Jesus selbst helfen.

Gott kennen wir sozusagen in drei verschiedenen Ausführungen: nämlich als Gott, den Vater, als Jesus, seinen Sohn, und als den Heiligen Geist. Mit dem Fachbegriff nennt man das Dreieinigkeit.

Aufgrund der Dreieinigkeit darf man die Geschichte vom Weltgericht so verstehen, dass wir tatsächlich Gott selbst helfen, wenn wir besonders benachteiligten Menschen etwas Gutes tun.

Einen Gott, der nicht nur die ganze Welt erschaffen hat, sondern auch gleichzeitig den Ärmsten der Armen so nahe ist, dass er quasi in ihre Haut schlüpft – so einen Gott gibt's wohl nur einmal. Wie gut, dass wir ihn kennen dürfen!

Zum Nachdenken:

1. Weiter oben haben wir uns ja vorgestellt, welche Eigenschaften unser Wunsch-Gott haben müsste. Fallen dir noch weitere solcher Eigenschaften ein?
2. Vergleiche doch diese Wunsch-Eigenschaften von Gott mal damit, wie die Bibel Gott beschreibt! Vielleicht wird dann einmal mehr deutlich, wie absolut genial er ist, unser GOTT!

3. Der erste Artikel unseres Grundgesetzes heißt: Die Würde des

Menschen ist unantastbar. Die Würde des Menschen darf also auf keinen Fall verletzt werden. Das gilt für alle Menschen, weil alle Menschen gleich viel wert sind.

Aber stimmt das überhaupt?

Sind wirklich alle Menschen gleichwertig?

Ist ein Mensch mit Behinderung tatsächlich genauso viel wert wie ein Gesunder – oder ein alter Kranker wie ein fitter Junger?

Zählt das Leben eines Geflüchteten, der sich in höchster Not an sein gekentertes Boot im Meer klammert, genau gleich viel wie dasjenige des Präsidenten?

Haben wir tatsächlich alle den gleichen Wert, die gleiche Würde?

Falls ja: woher haben wir sie denn, diese Würde? Wer hat sie uns gegeben? Und was für eine Rolle könnte die Geschichte vom Weltgericht aus der Bibel in dieser Beziehung spielen?

Lesetipp:

Gott ist übrigens nicht nur ein lieber Gott. Er ist auch konsequent. Ziemlich konsequent sogar. Deutlich wird dies in der Fortsetzung des Berichts über das Weltgericht, in Matthäus 25, 41 ff.

Cliffhanger:

Gott stellt sich also auf eine Stufe mit den ärmsten Menschen. Aber selbst das reicht ihm nicht! Er lässt seinen Sohn qualvoll am Kreuz sterben.

Für uns!

Darum geht es im nächsten Kapitel …

7. GOTTES KLÄRANLAGE!

Die Kreuzigung Jesu

Was passiert, wenn man einen winzig kleinen Tropfen Öl in ein großes Glas mit Wasser gibt?

Oder was ist los, wenn ein Liter Öl im Boden versickert?

Im Extremfall kann dieser eine Liter Öl eine Million Liter bestes Trinkwasser verschmutzen!

Eine Million!

Bestimmt hast du auch schon mal bunt schillernde Wasserpfützen auf der Straße gesehen. Auch bei so einer Pfütze reicht schon eine geringe Menge an Öl, um die ganze Pfütze zu verunreinigen. Auch wenn es schön aussieht, dieses Schillern auf der Wasseroberfläche, ist es trotzdem sehr schädlich für die Umwelt. Das Wasser war vorher vielleicht ganz sauber und klar – und ein kleines bisschen Öl hat ausgereicht, um die ganze Pfütze zu verseuchen.

Aus diesem Grund ist es auch eine echte Katastrophe für die Umwelt, wenn zum Beispiel eines der riesigen Tankschiffe, die das Öl über die Weltmeere befördern, einen Schaden hat. Durch auslaufendes Öl werden manchmal riesige Wasserflächen und Strände verschmutzt. Viele Tiere sterben qualvoll, zum Beispiel, weil sich das Gefieder der Wasservögel durch das Öl verklebt und sie deswegen nicht mehr fliegen oder schwimmen können. Weil sich das Öl nur sehr langsam wieder abbaut, dauert es sehr lange Zeit, bis sich die Natur von solchen Unfällen wieder erholen kann.

Was aber hat die Frage nach Öl und Wasser mit der Kreuzigung von Jesus zu tun?

Gute Frage, hier die Antwort: Das Reich Gottes könnte man sich als einen wunderbar klaren See vorstellen. Eine schöne und heile Welt für alle Lebewesen. Frisches, helles Wasser, bunte Fische, Korallen und alles, was dazugehört. Am Ufer feiner, weißer Sand. Blauer Himmel, Sonnenschein und Palmen, soweit das Auge reicht.

Ein echtes Paradies, vollkommen und perfekt!

Aber auch mit diesem Paradies ist es so wie mit den meisten anderen Paradiesen: Es ist gefährdet!

Auch Gottes Reich ist in Gefahr. Dabei will er doch nur Gutes für uns. Er möchte uns doch ewiges Leben schenken, dort in diesem herrlichen Reich.

Ein Leben, das nie aufhört!

Ein Leben, in dem es keinen Tod mehr gibt und keine Tränen!

Ein Leben, das nichts weiß von Trauer und Leid!

Absolute Zufriedenheit für alle, wäre das nicht herrlich?

Gefährdet ist Gottes Paradies durch uns Menschen.

Durch all die Dinge, mit denen wir gegen Gottes guten Plan verstoßen. Manchmal passiert das natürlich unabsichtlich, oftmals aber sind wir uns schon bewusst, dass wir gerade nicht unbedingt nach Gottes Willen handeln.

Dabei sind viele von Gottes Regeln alles andere als kompliziert.

Das haben wir vielleicht schon gemerkt. In vielen Fällen wissen wir doch ziemlich genau, was wir tun sollen und was nicht. Wir erkennen meistens auch, was eigentlich das Beste wäre.

Trotzdem tun wir oft genau das Gegenteil davon.

Wir alle!

Jeden einzelnen Tag!

Wer ehrlich zu sich selber ist, wird dem kaum widersprechen können.

Oder?

All diese bösen Dinge, alle schlechten Gedanken, alle fiesen Witze sind wie Öl! Wie schmutziges, klebriges, schwarzes Öl. Öl, das diesen herrlichen See, als den wir uns Gottes Reich eben vorgestellt haben, verschmutzt.

Natürlich sind wir nicht nur böse. Selbstverständlich denken und tun wir auch gute Dinge. Aber wie wir eben gesehen haben, reicht schon eine winzige Menge Öl aus, um ganz viel Wasser zu verseuchen.

Mit den bösen Taten und Gedanken ist es genauso!

Schon ein klein wenig Böses könnte dem wunderbaren Reich Gottes großen Schaden zufügen. Eben wie eine relative kleine Menge an Öl aus einem wundervollen Teich eine stinkende Pfütze machen kann.

„Warum", fragst du?

Wie kann denn so etwas sein?

Die Antwort ist recht einfach. Vor allem, wenn man mal ein bisschen genauer hinschaut und überlegt:

Viele böse Gedanken ziehen doch andere ähnliche Gedanken hinterher. Oft provoziert doch die erste böse Handlung weitere solche Taten:

Wenn ich meinen Nachbarn ungerecht behandle, wird er es mit mir vermutlich nicht anders machen.

Lästere ich über andere, tun sie das bestimmt auch irgendwann über mich.

Belüge ich meine Eltern, kommt es irgendwann doch heraus und zerstört damit das Vertrauen zwischen uns.

Hintergehe ich meine Freunde, verliere ich ihr Vertrauen.

Schaue ich ständig nur auf meinen eigenen Vorteil, möchte irgendwann kaum noch jemand etwas mit mir zu tun haben.

… diese Liste ließe sich bestimmt noch ziemlich lange fortsetzen.

Schon der kürzeste, böse Gedanke, schon die kleinste schlechte Tat, zieht allzu oft ähnliche Gedanken und Taten nach sich. Und schon wäre das Reich Gottes zerstört.

Diese Dinge passen einfach nicht zu Gottes Reich. Dieses soll doch für alle Zeiten der perfekte Ort sein. Eben ein echtes Paradies!

Gott muss also um jeden Preis verhindern, dass dieses Böse überhaupt in seine heile Welt hereinkommt. Aus diesem Grund hat er Jesus sterben lassen. Jesus, der als absolut einziger Mensch niemals etwas Böses getan oder gedacht hat, musste unschuldig sterben. Er ging buchstäblich durch die Hölle, und das auch noch freiwillig. Damit hat er für all das Böse bezahlt, das wir Menschen jeden Tag getan haben. Und übrigens auch für all das Böse, das wir und unsere Nachkommen noch tun werden.

Gemacht hat Gott das aus den allerbesten Absichten heraus, nämlich weil er uns so liebt. Er hat uns so dermaßen gern, dass er sogar seinen eigenen Sohn für unsere Fehler geopfert hat.

Für uns.

So steht es in der Bibel:

Denn so sehr hat Gott die Welt geliebt, dass er seinen eingeborenen Sohn gab, damit jeder, der an ihn glaubt, nicht verlorengeht, sondern ewiges Leben hat.
(Johannes 3, 16, Schlachter Bibel)

Zum Nachdenken:

Der Tod von Jesus ist wie eine Art Kläranlage. Eine Kläranlage, die sämtliches Böses aus unserem Leben herausfiltern kann und die so verhindert, dass Gottes Reich dadurch verunreinigt und zerstört wird.

Der Preis, den Jesus dafür zahlen musste, war hoch! Auch für Gott war es sicherlich nicht einfach, seinen eigenen Sohn zu opfern. Damit beweist er aber einmal mehr, wie unglaublich wichtig ihm alle Menschen sind. Wie unglaublich wichtig DU ihm bist.

Vielleicht möchtest du den Bibelvers oben (Johannes 3, 16) abtippen. Anstatt „die Welt“ könntest du deinen eigenen Namen einsetzen; oder den Namen deiner Freundin oder deines Freundes. Du könntest ihr oder ihm diese Nachricht dann schicken … oder einen Post draus machen, einen Snap oder ein Video …

Lesetipp:

Du möchtest wissen, wie sich das alles damals abgespielt hat, bei der Kreuzigung von Jesus?

Berichtet wird diese Geschichte in allen vier Evangelien. Du könntest zum Beispiel im Markusevangelium, Kapitel 14 und 15 lesen. Dort steht relativ knapp zusammengefasst, wie Jesus gefangengenommen, verurteilt und gekreuzigt wurde.

Aber Achtung: Ein Kindergeburtstag war das nicht, und auch kein Spaziergang. Es ging ganz schön fies, hinterhältig und blutig zu bei der Kreuzigung.

Cliffhanger:

Du fragst dich manchmal, ob diese Geschichten aus der Bibel wirklich stimmen? Immerhin sind sie ja schon uralt. Und wer weiß, vielleicht wurden sie ja auch nur erfunden … vielleicht sind die Kreuzigung von Jesus und die anderen Geschichten aus der Bibel nichts anderes als Fake News?

Wenn du dir diese Fragen auch manchmal stellst – oder andere manchmal so etwas sagen – dann lies am besten weiter im nächsten Kapitel …

8. FAKE NEWS ODER TATSACHE?

Die Auferstehung Jesu

Was sind eigentlich Fake News?

Genau: Fake News sind gefälschte Nachrichten in Form von Texten, Fotos oder Videos. Fake News werden oft über die sozialen Medien in Umlauf gebracht und sind ähnlich aufgebaut wie richtige Nachrichten.

Warum werden Fake News gemacht?

Hierfür gibt es unterschiedliche Gründe. Manchmal werden sie gestreut, um Menschen zu beeinflussen, in anderen Fällen möchte man mit Fake News Geld verdienen. Manche Menschen teilen Fake News, weil sie selbst daran glauben. Ein Beispiel dafür sind Verschwörungstheorien.

Woran erkennt man Fake News?

Fake News haben oft besonders krasse Überschriften; es fehlen Urheber- und Quellenangaben.

Wie sind Fake News gemacht?

Fake News soll man als echte Nachrichten wahrnehmen. Deswegen sind sie so gemacht, dass man sie auf den ersten Blick eigentlich glauben muss. Angebliche Zeugen werden genannt, Schauplätze beschrieben, Fotos mitgeliefert, und Ähnliches mehr.

In der folgenden Geschichte geht es um einen kleinen Autounfall. Anschließend wird erklärt, was diese Geschichte mit Fake News zu tun hat – und wie das Ganze mit der Auferstehung von Jesus zusammenhängt …

Max schaut ein bisschen mitleidig auf die alte Karre vor seinem neuen Wagen. Ein Glück, dass ich nicht mit so einer Rostlaube fahren muss, denkt er und wartet darauf, dass die Ampel grün wird. Ungeduldig trommelt er mit den Fingern auf das Lenkrad, als er plötzlich ungläubig die Augen aufreißt – und dann ist es schon zu spät: Ganz kurz hatte er die Rückfahrscheinwerfer der Rostlaube aufleuchten sehen, bevor dieser rollende Schrotthaufen mit voller Wucht gegen die Motorhaube seines Wagens geknallt war.

Zersplittertes Scheinwerferglas liegt auf der Straße und ein dünner Rauchfaden kräuselt sich unter dem geknickten Blech hervor, als Max wutentbrannt aussteigt und den Fahrer des anderen Wagens zur Rede stellen möchte. Die entsprechenden, nicht unbedingt charmanten Worte liegen ihm schon auf der Zunge: „Hast wohl den ersten Gang mit dem Rückwärtsgang verwechselt, du Vollpfosten!“

Die Fahrertür des anderen Unfallfahrzeugs öffnet sich ebenfalls, eine hübsche Frau steigt aus, das Handy schon am Ohr. Mit wiegenden Hüften kommt sie auf ihn zu, während sie mit zuckersüßer, leicht weinerlicher Stimme ins Telefon spricht: „… ja genau, einfach von hinten aufgefahren. Vielleicht war er ein bisschen schnell, oder er hat kurz nicht aufgepasst, er sieht auch noch sehr jung aus.“ Max glaubt, seinen Ohren nicht mehr trauen zu können, als die Schöne ihm herausfordernd ins Gesicht blickt, während sie in ihr Handy flötet: „Sie kommen gleich? Ja, das wäre super. Vielen Dank!“

„Was war das?“, platzt es aus Max heraus. „Sie sind doch schuld. Ich stand an der Ampel, als Sie mir draufgefahren sind. Sie haben wohl den ersten Gang mit dem Rückwärtsgang verwechselt!“ Wenigstens seinen Spruch konnte er noch loswerden, auch wenn er sich den „Vollpfosten“ sparte.

Die Frau zündet sich eine Zigarette an, zieht genüsslich am Glimmstengel und bläst ihm dann den Rauch ins Gesicht. Während sie auf die Glut an der Spitze ihrer Kippe schaut, entgegnet sie beiläufig: „Und du denkst wirklich, das glaubt dir irgendjemand?"

Während die Dame in alle Ruhe ihre Zigarette genießt, dämmert es Max langsam, dass sie vielleicht recht haben könnte. Wer würde ihm seine Version glauben? Jeder normale Mensch, und vermutlich auch jeder Polizist, würde doch annehmen, dass es sich um einen ganz gewöhnlichen Auffahrunfall handelte. Ein Unfall, wie tausend andere auch. Und er wäre dann schuld!

Hilfesuchend sieht er sich um. Kein anderer Wagen weit und breit. Aber irgendjemand musste den Unfall doch gesehen haben. Er brauchte unbedingt einen glaubwürdigen Zeugen. Sonst würde ihm niemand glauben und er wäre geliefert. Was soll er nur tun?

Da fällt sein Blick auf die Fußgängerampel. Mehrere Passanten warten dort. Sie müssten den Unfall genau beobachtet haben und könnten bestimmt seine Version bestätigen. Er schaut genauer hin: Ein elegant gekleideter Mann steht dort, mit Aktentasche und Regenschirm. Aufmerksam blickt er in Max` Richtung, vermutlich hat er den Aufprall gehört. Neben ihm steht eine ältere Frau, ganz offensichtlich eine Obdachlose in einer alten Armeejacke. Vor sich hat sie einen rostigen Einkaufswagen voller leerer Plastikflaschen. Strähnige, graue Haare hängen ihr ins Gesicht, während sie einen Schluck aus einer dunkelgrünen Schnapsflasche nimmt.

Welche Person soll Max fragen? Wer gibt wohl einen glaubwürdigeren Zeugen ab?

Diese Geschichte stimmt nicht. Sie ist frei erfunden, auch wenn sie vielleicht ein bisschen so klingt, als hätte sie sich wirklich ereignet. Wollte man eine Fortsetzung schreiben, ist auch schon klar, wie es weitergehen müsste: Max sucht einen Zeugen für den Unfall – eine möglichst glaubhafte Person. Schließlich soll diese Person seine Version bestätigen, wie es zu dem Unfall gekommen ist. Ohne einen wirklich guten Zeugen wird Max kaum jemanden finden, der ihm glaubt. Er kann also gar nicht anders, als den elegant gekleideten Herrn zu fragen. Wenn überhaupt, wird man ihm dann glauben. Auf die Aussage der obdachlosen Schnapstrinkerin wird kaum jemand etwas geben. Das leuchtet jedem ein. Eine Fortsetzung der Geschichte, in welcher Max nicht den Geschäftsmann, sondern die Obdachlose um ihre Zeugenaussage bittet, würde vollkommen unrealistisch klingen.

Die verantwortungslosen Macher von Fake News machen sich genau diese Gedanken. Ihr Ziel ist es, den Lesern Fehlinformationen zu geben. Um diese möglichst glaubhaft wirken zu lassen, müssen Falschmeldungen so aussehen, als ob sie wirklich der Realität entsprechen würden. Sonst würde jeder klar denkende Mensch sie sofort erkennen.

Auch an die Bibel wird immer wieder der Vorwurf herangetragen, sie sei voll von so genannten Fake News. Die darin überlieferten Geschichten und Begebenheiten hätten sich so nie ereignet, vielmehr seien sie das Produkt von antiken Fake-News-Machern. Besonders um die Auferstehung von Jesus ranken sich viele Gerüchte. Schließlich handelt es sich auch um ein schwer zu glaubendes Ereignis: Ein Mensch stirbt vor aller Augen qualvoll am Kreuz, nur um sich ein paar Tage später wieder quicklebendig seinen Anhängern und vielen weiteren Menschen zu zeigen.

Allerdings handelt es sich bei den Verfassern der biblischen Bücher um durchaus vertrauenswürdige Quellen. So berichten ganz verschiedene Leute aus ganz verschiedenen Perspektiven über die Auferstehung und ergänzen sich so gegenseitig.

Paulus schreibt beispielsweise von mehr als 500 Leuten, denen sich der auferstandene Jesus gezeigt hat und die allesamt bezeugen konnten, dass es sich hier nicht im Fake News handelt. Lukas berichtet zum Beispiel davon, wie sich Jesus nach der Kreuzigung zwei Jüngern auf dem Weg in die Ortschaft Emmaus gezeigt hat. Johannes erzählt unter anderem davon, wie sich Jesus dem ungläubigen Thomas gezeigt hat, der die ganze Sache erst glauben konnte, als er mit seinen eigenen Händen die Wunden von Jesu berühren durfte.

Besonders interessant aber ist auch die Geschichte von den ersten Zeuginnen der Auferstehung. Der Evangelist Matthäus berichtet davon, in den anderen Evangelien kommt diese Geschichte ganz ähnlich vor.

So steht es in der Bibel:

[1]Als der Sabbat vorüber war, gingen Maria aus Magdala und die andere Maria frühmorgens hinaus an das Grab. Es war Sonntag, der erste Tag der neuen Woche, und der Morgen begann gerade erst zu dämmern. [2]Plötzlich fing die Erde an zu beben. Ein Engel des Herrn war vom Himmel herabgekommen, hatte den Stein vor dem Grab beiseitegewälzt und sich daraufgesetzt. [3]Er leuchtete hell wie ein Blitz, und sein Gewand war weiß wie Schnee. [4]Die Wachposten stürzten vor Schreck zu Boden und blieben wie tot liegen. [5]Der Engel wandte sich an die Frauen: „Fürchtet euch nicht! Ich weiß, dass ihr Jesus, den Gekreuzigten, sucht. [6]Er ist nicht mehr hier. Er ist auferstanden, wie er es vorhergesagt hat! Kommt her und seht euch die Stelle an, wo er gelegen hat. [7]Dann beeilt euch, geht zu seinen Jüngern und sagt ihnen, dass Jesus von den Toten auferstanden ist. Er wird euch nach Galiläa vorausgehen, und dort werdet ihr ihn sehen. Diese Botschaft soll ich euch ausrichten.“ [8]Erschrocken liefen die Frauen vom Grab weg. Gleichzeitig erfüllte sie unbeschreibliche Freude. Sie wollten sofort den Jüngern alles berichten, was sie erlebt hatten. [9]Sie waren noch nicht weit gekommen, als Jesus plötzlich vor ihnen stand. „Seid gegrüßt!“, sagte er. Da fielen sie vor ihm nieder und umklammerten seine Füße. [10]Jesus beruhigte sie: „Fürchtet euch nicht! Geht, sagt meinen Brüdern, sie sollen nach Galiläa kommen! Dort werden sie mich sehen.“
(Matthäus 28, 1-10, Hoffnung für alle)

Diese unglaublich klingende Geschichte ist bestimmt keine Fälschung! Es handelt sich hier höchstwahrscheinlich nicht um eine erfundene Geschichte, weil sie der Logik von Fake News im absolut entscheidenden Punkt widerspricht: Die ersten Zeugen der Auferstehung sind keine respektierten Männer, sondern Frauen! Frauen, die in der damaligen Rangordnung nicht nur weit unter den Männern standen, sondern deren Aussage auch vor Gericht nicht zählte.

Allein die Tatsache, dass Frauen in allen Evangelien als erste Zeugen der Auferstehung genannt werden, spricht dafür, dass es sich hier nicht um eine erfundene Geschichte handeln kann. Hätte hier wirklich jemand die ganze Welt täuschen wollen, indem er diese unglaubliche Geschichte einfach erfindet, dann hätte er mit Sicherheit nicht ausgerechnet Frauen als erste Zeuginnen genommen!

Wenn es sich bei der Geschichte von der Auferstehung Jesu wirklich um eine antike Falschmeldung handeln würde, dann hätte sie großen Erfolg gehabt. Den Bibel-Fälschern wäre es gelungen, mega-erfolgreiche Fake News in die Welt zu setzen, die nicht nur zahlreiche Menschen täuschen, sondern auch durch die Jahrhunderte und Jahrtausende Bestand haben.

Fake News haben aber normalerweise eine eher geringe Lebensdauer. Die Wahrheit setzt sich in den meisten Fällen durch, auch und gerade deswegen, weil Menschen den Falschmeldungen widersprechen; Menschen, die es besser wissen. Menschen, die vielleicht dabei waren. Die ältesten Texte des Neuen Testamentes entstanden nur wenige Jahrzehnte nach der Kreuzigung. Es müssen noch zahlreiche Menschen gelebt haben, die live dabei waren bei Jesu Tod und die auch von seiner angeblichen Auferstehung etwas mitbekommen haben müssen. Wäre die Story von der Auferstehung wirklich eine dreiste Erfindung, hätten diese Menschen doch mit Sicherheit widersprochen und die ganze Geschichte wäre schon direkt nach ihrer Entstehung als Fake News entlarvt worden.

Allerdings ist genau das Gegenteil passiert: Innerhalb weniger Jahrzehnte hat sich die Botschaft von Jesus ausgebreitet und die Welt, oder immerhin einen großen Teil davon, erobert.

Es hat nicht mal 300 Jahre gedauert, bis das Christentum zur Staatsreligion im römischen Reich wurde! Ja genau, dieses Christentum, das erst mit Jesus entstanden ist. Heute ist dieses Christentum die größte Glaubensgemeinschaft der Welt!

Also ist es eigentlich ganz einfach: Entweder sind die Geschichten von der Auferstehung Jesu die erfolgreichsten Fake News aller Zeiten – oder sie berichten ganz einfach Tatsachen!

Lesetipp:

Nicht nur die Evangelien berichten von der Auferstehung Jesu. Auch Paulus schreibt in seinem Brief an die Korinther, wie viele Menschen den auferstandenen Jesus gesehen haben. Vielleicht habt ihr ja Lust, seine Darstellung nachzulesen – es steht in 1. Korinther 15, 1-11.

Cliffhanger:

Die Bibel ist alt! Aber sie ist noch immer aktuell! Klar, es gab zur Zeit der Bibel keine Handys und kein Internet. Man konnte noch nicht in den Urlaub fliegen oder ein Herz transplantieren. Das stimmt natürlich.

Aber die Menschen und ihre Gedanken – zumindest die grundsätzlichen Gedanken – sind noch immer die gleichen.

So wie im folgenden Kapitel …

9. „REFUGEES WELCOME?"

Der Missionsbefehl

Protestaktionen und Demonstrationen sieht man immer wieder! Für den Frieden oder gegen den Klimawandel! Für eine bestimmte Politik oder gegen verschiedene Gesetze – Demonstrationen sind keine Seltenheit.

Gründe, warum man demonstrieren kann, gib es ja auch wirklich viele – sinnvolle und weniger sinnvolle. Manchmal kann man dabei leider auch ziemlich fiese Sprüche hören oder hassverzerrte Gesichter sehen; sogar zu gewalttätigen Ausschreitungen kommt es manchmal.

Die Versammlungsfreiheit wird in Deutschland ziemlich großgeschrieben. Das Recht, friedlich gegen Gesetze, Parteien oder gegen irgendwelche anderen Dinge zu demonstrieren, ist vom Grundgesetz geschützt.

Das ist auch gut so! Es gibt genügend Länder auf der Welt, in denen Menschen viel weniger Freiheiten genießen als bei uns.

Seinen guten Grund hat dieses Grundrecht auf Versammlungsfreiheit bei uns auch in der besonderen deutschen Vergangenheit! Während der Diktatur von Adolf Hitler wurden schließlich politische Gegner und viele andere äußerst brutal verfolgt. Damals konnte von Versammlungsfreiheit keine Rede sein. Viele Grundrechte, die für uns heute selbstverständlich sind, gab es einfach nicht. Unter dem Eindruck dieser schlimmen Zeit wurde unser Grundgesetz geschrieben. Besonderer Wert wurde dabei darauf gelegt, dass die Rechte des Einzelnen gut geschätzt werden, damit möglichst nie wieder eine Diktatur wie bei Hitler entstehen kann. Daher genießt zum Beispiel eben die Versammlungsfreiheit besonderen Schutz.

Manchmal darf man sich aber zurecht fragen, ob er nicht bei der ein oder anderen Gelegenheit missbraucht wird, dieser Schutz. Zum Beispiel, wenn immer wieder Menschen gegen so genannte Ausländer und Geflüchtete protestieren. Da versammeln sich doch tatsächlich immer wieder Menschen, die dagegen sind, Menschen aus ärmeren Ländern bei uns aufzunehmen. Sie verbreiten Angst und Schrecken und würden am liebsten die allermeisten dieser armen Menschen gleich wieder zurückschicken – zurückschicken in das Elend, das sie zur Flucht getrieben hat. Nein, auf solche Demos kann man nicht stolz sein.

Natürlich können wir nicht alle Menschen bei uns aufnehmen!

Das ist wohl allen Beteiligten klar.

Wir brauchen Regelungen, damit wir denjenigen helfen können, die es am nötigsten haben. Als reiches Land ist das doch ein Stück weit unsere Pflicht. Wir müssen doch wenigstens denjenigen, die vor Verfolgung, Kriegen oder Naturkatastrophen fliehen, ein Dach über dem Kopf und Nahrung bieten – zumindest auf Zeit!

Man könnte manchmal fast den Eindruck bekommen, dass manche Demonstranten vergessen haben, dass Geflüchtete auch Menschen sind:

Menschen, die vor Krieg und Verfolgung fliehen mussten.

Menschen, die auf der verzweifelten Suche nach einem sicheren Platz für sich und ihre Familien sind.

Menschen, deren Freiheit, deren Würde und deren Leben in ihrer Heimat bedroht sind.

Zum Nachdenken:

1. Hast du dich schon einmal irgendwo „fremd“ gefühlt? Bei welcher Gelegenheit? Was ist das für ein Gefühl?
2. Was verbindest du mit den Begriffen Heimat, Heimatland, Heimatstadt, Zuhause?
3. Was müsste passieren, dass du all das aufgibst? Wie schlecht müsste es dir gehen, bis du deine Heimat verlassen und dich aufmachen würdest, um in ein anderes Land zu flüchten?

...

Praktisch alle Geflüchteten, die zu uns kommen, haben genau das erlebt: Es ging ihnen in ihrer Heimat so schlecht, dass sie sich gezwungen sahen, in ein fremdes Land zu ziehen.

In ein reiches Land wie Deutschland vielleicht.

Kaum dort angekommen, werden sie manchmal mit solchen Sprüchen empfangen:

„Ausländer raus!“

„Abschieben jetzt!“

„Deutschland den Deutschen!“

... und Ähnliches mehr.

Das muss doch weh tun!

Vielleicht würde es dem einen oder anderen Demonstranten ganz guttun, wenn er sich einmal in die Lage eines geflüchteten Menschen versetzen würde. Was würde geschehen, wenn hier bei uns ein Krieg ausbrechen würde. Ein Krieg, der uns zwingt, in andere Länder zu fliehen; in Länder, die Sicherheit bieten, vielleicht die Ukraine, Afghanistan oder Libyen.

Was würde wohl durch unsere Köpfe gehen, wenn wir in die Ukraine geflüchtet wären?

Nach Syrien, nach Afghanistan oder nach Libyen?

Vielleicht hätten wir es auf abenteuerlichen Wegen und unter Todesgefahr geschafft, endlich dort anzukommen, in einem vermeintlich sicheren Land.

Unglaublich erleichtert glauben wir, endlich aufatmen zu können – nur um von solchen Sprüchen und bösen Demonstrationen empfangen zu werden; von Menschen, die uns am liebsten ganz schnell wieder zurückschicken würden.

Gott sei Dank gibt es in Deutschland gute Gesetze, die den Umgang mit hilfsbedürftigen, geflüchteten Menschen regeln. Gesetze übrigens, die sich sehr an der Bibel orientieren!

Wie in den meisten Fällen hat die Bibel eine ganz klare Meinung zum Umgang mit Geflüchteten. Nicht nur, dass Jesus selbst sich immer um alle Benachteiligten und Ausgestoßenen gekümmert hat.

Auch schon ganz lange, bevor Jesus auf unsere Welt kam, im Alten Testament, steht es ganz klar da:

[33]*Unterdrückt die Fremden nicht, die bei euch leben,* [34]*sondern behandelt sie wie euresgleichen. Liebt sie wie euch selbst, denn auch ihr seid Fremde in Ägypten gewesen! Ich bin der HERR, euer Gott.*
(3. Mose 19, 33-34, Hoffnung für alle)

Klare Ansage, oder?

„Liebt sie wie euch selbst …" Dem muss man eigentlich nichts hinzufügen! Oft wird vergessen, dass dazu auch gehört, die für uns manchmal fremden Kulturen, Traditionen und Religionen zu tolerieren und zu akzeptieren – zumindest solange sie unseren Regeln, Werten und Grundsätzen nicht widersprechen.

Gerade die Liebe zu allen Mitmenschen, zu der wir Christinnen und Christen aufgerufen sind, bedeutet aber auch, den anderen Menschen von der Freude am eigenen Glauben zu berichten. Die frohe Botschaft von Gott, der alle Menschen liebt und seinen Sohn zu uns geschickt hat, ist schließlich für alle Menschen auf der Welt bestimmt. Die Begeisterung darüber darf man gerne teilen. Das ist keine Intoleranz gegenüber anderen Religionen. Wer anderen erzählt, woran er selber glaubt, nimmt vielmehr seine Mitmenschen ernst.

In der Bibel ist dies so formuliert:

[16]Die elf Jünger gingen nach Galiläa auf den Berg, den Jesus für die Be-
gegnung mit ihnen bestimmt hatte. [17]Bei seinem Anblick warfen sie sich
vor ihm nieder; allerdings hatten einige noch Zweifel.
[18]Jesus trat auf sie zu und sagte: „Mir ist alle Macht im Himmel und
auf der Erde gegeben. [19]Darum geht zu allen Völkern und macht die
Menschen zu meinen Jüngern; tauft sie auf den Namen des Vaters, des
Sohnes und des Heiligen Geistes [20]und lehrt sie, alles zu befolgen, was
ich euch geboten habe. Und seid gewiss: Ich bin jeden Tag bei euch, bis
zum Ende der Welt.“
(Matthäus 28, 16-20, Neue Genfer Übersetzung)

Schon wieder eine klare Ansage!

In alle Welt sollen wir gehen, wir Christinnen und Christen. Weitererzählen von Jesus Christus und seiner tollen Einladung an uns alle.

Dieser Missionsbefehl wurde im Lauf der Geschichte sehr erfolgreich umgesetzt. Der Glaube an den Gott der Bibel, an seinen Sohn Jesus Christus und den Heiligen Geist hat auf der ganzen Welt Anhänger gefunden. Auch von Deutschland aus wurden und werden Missionare in alle Welt geschickt, um Menschen für Jesus Christus und die Botschaft der Bibel zu begeistern. Dass in diesem Zusammenhang böse Fehler gemacht wurden, soll an dieser Stelle nicht verschwiegen werden. Es gab Zeiten, in denen Menschen mit Gewalt gezwungen wurden, sich zum Christentum zu bekennen, nicht immer wurde die Kultur und Religion anderer Menschen ausreichend geachtet. Ja, in der erfolgreichen Missionsgeschichte gibt es tatsächlich auch richtig dunkle Kapitel. Kapitel, deren Inhalt nichts mit dem Gebot der Nächstenliebe zu tun haben.

Ganz im Gegenteil.

In den meisten Fällen aber soll den Menschen wirklich geholfen werden, ganz praktisch, aber eben auch geistlich.

Wenn andersgläubige Menschen nach Deutschland kommen, gibt es dafür sehr oft schlimme und tragische Gründe. Oft sind es gerade die armen Menschen und Familien, die zu Flucht gezwungen werden. Menschen, die nicht selbst für die Umstände verantwortlich sind, die sie zur Flucht zwingen. Deshalb haben sie jede Hilfe verdient. Menschenfreundlichkeit ist doch eins der wichtigsten Merkmale von Gott. Es gibt also kaum eine bessere Möglichkeit, christliche Nächstenliebe zu zeigen, als diese Menschen freundlich zu begrüßen. Wer „Fremdlingen" hilft, erfüllt den Auftrag Gottes perfekt – so wie es schon im 3. Buch Mose steht. Gleichzeitig erfüllt man auch den Missionsbefehl, wenn man deutlich macht, dass eben diese Hilfe auch aus religiöser Motivation heraus geschieht. Kann es eine bessere Möglichkeit geben, andere von seinem Glauben an diesen großartigen Gott weiterzuerzählen, als durch eben solche praktische Hilfe?

Gerade aus christlicher Sicht muss es also heißen:

Refugees welcome? – YES!!

Lesetipp:

Dich interessiert, was für Gesetze in Deutschland in Bezug auf Geflüchtete und Asylant:innen gelten. Scanne den QR-Code, dort gibt es gibt es genügend Infos dazu – du wirst sehen, dass diese Gesetze wirklich gut durchdacht sind und im besten Sinne sind – für alle Hilfsbedürftigen, aber auch für unser eigenes Land.

Cliffhanger:

Eigentlich hätte man doch vermuten können, dass die Jünger von Jesus ziemlich down waren, als Jesus in den Himmel aufgefahren ist und sie praktisch alleingelassen hat. Klar – er hatte ihnen bewiesen, dass er von den Toten wiederauferstanden war. Toll!

Aber jetzt hatte er sie trotzdem alleine gelassen.

Übrig geblieben ist eigentlich nur sein Versprechen. Sein Versprechen, dass er den Jüngern den Heiligen Geist schicken würde – als eine Art „Ersatz“ dafür, dass er selber nicht mehr bei ihnen sei.

Als dieser „Ersatz“ dann tatsächlich zu den Jüngern gekommen ist, waren alle mega-mäßig geflasht.

Davon handelt das nächste Kapitel …

10. WIND OF CHANGE!

Pfingsten

Was später wie ein fetter Orkan durch die damalige Welt pfeifen und eine regelrechte „Explosion des Glaubens“ auslösen sollte, das war am Anfang noch nicht einmal ein laues Lüftchen.

Eigentlich war es genau das Gegenteil – nämlich ein ziemlich herzhafter Gegenwind, der den ersten Anhängern von Jesus kalt ins Gesicht blies. Schon lange hatten sie es mit vielen Gegnern zu tun gehabt. Nicht allen Menschen damals gefiel der Erfolg, den Jesus mit seiner Botschaft hatte.

Viele waren auch gegen ihn. Besonders deutlich wurde das an Ostern, als die aufgebrachte Menge sein Blut sehen wollte und ihn kreuzigen ließ.

Spätestens seit der Kreuzigung war aus dem Gegenwind ein eiskalter Sturm geworden. Ein Sturm, der den Jüngern Jesu ziemliche Angst eingejagt haben muss. Vielleicht so ähnlich wie in der Geschichte, als sie mit ihrem Boot auf dem See Genezareth in einen Sturm kamen und Todesangst hatten. Damals hatten sie Jesus aufgeweckt, der dann den Sturm gestillt hatte.

Aber jetzt war Jesus nicht mehr da!

Die Jünger waren allein, ganz auf sich gestellt. Vielleicht hatten sie den Eindruck, doch aufs falsche Pferd gesetzt zu haben. Vor wenigen Tagen noch waren sie hinter Jesus unter riesigem Jubel in Jerusalem eingezogen. Sie waren die Freunde des Superstars Jesus gewesen – und jetzt war alles anders.

Jesus war tot, grausam hingerichtet! Und sie waren ebenfalls in Gefahr. Vielleicht wurden sie als seine engsten Anhänger ebenfalls bald verhaftet.
Wer wusste das schon?

Außerdem hatte sich ihnen vielleicht auch der Gedanke aufgedrängt, dass Jesus doch gescheitert war. Entgegen ihren Erwartungen war er nicht zum König gemacht worden.

Ausgelacht und verspottet wurde er, gefoltert und hingerichtet!

Hatte ihr Idol versagt? Hatten sie ihre Hoffnung tatsächlich auf den Falschen gesetzt?

Hatten sie ihre Familien umsonst zurückgelassen und ihre Arbeit aufgegeben, nur um jetzt vor dem traurigen Endergebnis ihrer falschen Entscheidung zu stehen?

Ja, es war wohl wirklich ein eisiger Wind, der den Jüngern in dieser Situation kräftig entgegen geblasen hatte. Vielleicht hat sie dieser kalte Sturm auch zum Zittern gebracht – zum Zittern vor Kälte und vor Angst.

Mit der Auferstehung und der Erscheinung des auferstandenen Jesus hatte sich die Windrichtung dann deutlich gedreht. Die Jünger hatten neuen Mut bekommen. Ihnen wurde wohl so langsam klar, dass die Botschaft von Jesus nicht am Kreuz geendet hatte, sondern dass sie damit eigentlich erst richtig beginnen sollte.

Ja, mit der Auferstehung hatte sich der Wind zwar wieder gedreht, aber die Windstärke ließ noch deutlich zu wünschen übrig. Den Jüngern war wohl klar geworden, dass sie doch nicht aufs falsche Pferd gesetzt hatten. Aber noch war ihre Angst groß, ihr Vertrauen auf die tatsächliche Hilfe Gottes klein.

Geändert hat sich dies erst an Pfingsten!

Und zwar kräftig!

An jenem Tag, als Gott den Jüngern den Stellvertreter Jesu auf die Erde gesandt hat, den Heiligen Geist! So wie Jesus es ihnen versprochen hatte.

Dieser Heilige Geist war auf die Erde gekommen wie ein Starkstrom-Föhn!

Er hatte den vorher Verängstigten und Schüchternen richtig eingeheizt und ihnen so viel Power gegeben, dass sie auf einmal aus dem Haus gingen und lauthals von Jesus und seiner Botschaft erzählten. Die Bibel berichtet davon, dass zahlreiche Ausländer, die sich wegen eines jüdischen Festes in Jerusalem aufhielten, die Jünger predigen hörten – jeden in einer anderen Sprache!

So wurden alle Anwesenden in ihrer eigenen Sprache angesprochen. Und das waren ganz schön viele verschiedene.

Dass die Jünger auf einmal so viele verschiedene Sprachen sprechen konnten, dafür gibt es keine logische Erklärung. Vor ihrer Berufung durch Jesus waren sie doch einfache Fischer gewesen, die mit Sicherheit keine Fremdsprachenkenntnisse hatten.

Mit einem Mal mussten sie jetzt aber richtige Experten gewesen sein. Offensichtlich hatten sie nämlich nicht nur oberflächliche Kenntnisse von den ganzen Sprachen. Ihre Predigten waren so überzeugend, dass sich deswegen gleich ein paar tausend Leute vom Christentum überzeugten. Menschen, die diese Botschaft vermutlich zum allerersten Mal in ihrem Leben gehört haben.

Sie mussten also ganz schön überzeugend geredet haben, die Jünger an Pfingsten. Damit sollte fast schon ein regelrechter „Orkan der Bekehrungen“ beginnen, der erst nach einigen Generationen wieder schwächer werden sollte.

Der Heilige Geist hatte seine Macht eindrucksvoll bewiesen!

Du willst aus erster Hand wissen, wie das war?

So steht es in der Bibel:

1 Schließlich kam das Pfingstfest. Auch an diesem Tag waren sie alle wie-
der am selben Ort versammelt. 2 Plötzlich setzte vom Himmel her ein
Rauschen ein wie von einem gewaltigen Sturm; das ganze Haus, in dem
sie sich befanden, war von diesem Brausen erfüllt. 3 Gleichzeitig sahen

sie so etwas wie Flammenzungen, die sich verteilten und sich auf jeden Einzelnen von ihnen niederließen. [4]Alle wurden mit dem Heiligen Geist erfüllt, und sie begannen, in fremden Sprachen zu reden; jeder sprach so, wie der Geist es ihm eingab. [5]Wegen des Pfingstfestes hielten sich damals fromme Juden aus aller Welt in Jerusalem auf. [6]Als nun jenes mächtige Brausen vom Himmel einsetzte, strömten sie in Scharen zusammen. Sie waren zutiefst verwirrt, denn jeder hörte die Apostel und die, die bei ihnen waren, in seiner eigenen Sprache reden. [7]Fassungslos riefen sie: „Sind das nicht alles Galiläer, die hier reden? [8]Wie kommt es dann, dass jeder von uns sie in seiner Muttersprache reden hört? [9]Wir sind Parther, Meder und Elamiter; wir kommen aus Mesopotamien und aus Judäa, aus Kappadozien, aus Pontus und aus der Provinz Asien, [10]aus Phrygien und Pamphylien, aus Ägypten und aus der Gegend von Zyrene in Libyen. Sogar aus Rom sind Besucher hier, [11]sowohl solche, die von Geburt Juden sind, als auch Nichtjuden, die den jüdischen Glauben angenommen haben. Auch Kreter und Araber befinden sich unter uns. Und wir alle hören sie in unseren eigenen Sprachen von den wunderbaren Dingen reden, die Gott getan hat!“ [12]Alle waren außer sich vor Staunen. „Was hat das zu bedeuten?“, fragte einer den anderen, aber keiner hatte eine Erklärung dafür. [13]Es gab allerdings auch einige, die sich darüber lustig machten. „Die haben zu viel süßen Wein getrunken!“, spotteten sie.

(Apostelgeschichte 2, 1-13, Neue Genfer Übersetzung)

Der Heilige Geist, den Gott als Stellvertreter für Jesus auf die Welt geschickt hat, lässt sich vielleicht wirklich ein Stück weit mit einem Sturm vergleichen.

Mit einem Sturm, oder mit der Luft, die uns umgibt.

Wir sehen, wie Wind die Wolken über den Himmel treibt. Wir spüren den Luftzug auf der Haut, wir hören das Rauschen der Blätter unter einem Baum. Aber die Luft selbst sehen wir nicht. Wir können nur ihre Auswirkungen wahrnehmen, indem wir bestimmte Dinge sehen, hören oder fühlen.

Mit dem Heiligen Geist ist es ganz ähnlich. Auch ihn sehen wir nicht. Er hat sich zwar bei der Taufe von Jesus als Taube gezeigt, oder hier in dieser Geschichte als Flammenzungen. Normalerweise aber bleibt er unsichtbar. Dafür können wir seine Auswirkungen wahrnehmen, auf ganz verschiedene Arten.

Zum Nachdenken:

Hast du Ideen, wie man den Heiligen Geist, beziehungsweise seine Auswirkungen wahrnehmen kann?

Vielleicht hast du ja schon mal ein besonders schönes Gefühl beim Singen eines Liedes gehabt, oder während eines Gebets? Oder besonderes „Glück" erfahren bei einem Beinahe-Unfall oder während einer Prüfung? Vielleicht hast du das Wirken des Heiligen Geistes aber auch auf ganz andere Weise erfahren.

Möchtest du davon erzählen?

Lesetipp:

Gott zeigt sich übrigens auch an einer ganz anderen Stelle der Bibel als Luft. Eigentlich ist es eher ein ganz feiner Hauch, ein Säuseln. Wenn du Lust hast, lies es doch einfach nach: 1. Könige 19, 11-18.

Nachdem vorher ein zerstörerischer Sturm, ein Erdbeben und ein riesiges Feuer gewütet hatten, zeigt sich Gott in einem ganz leisen Windhauch!

Er, der Herrscher der ganzen Welt, in einem feinen Lüftchen!

Wenn das mal nicht cool ist!

Cliffhanger:

Der beste Cliffhanger zum nächsten Kapitel ist eigentlich die Bibel selbst – und zwar die Fortsetzung des Berichts vom Pfingstwunder. Wenn es dich interessiert, wie es danach weiterging – wie die „Explosion des Glaubens“ ihren Anfang genommen hat – dann lies am besten weiter, in Apostelgeschichte 2, 14-40.

11. „Explosion" des Glaubens

Die Apostelgeschichte

Ignorieren bedeutet, etwas ganz bewusst nicht wahrnehmen. Etwas absichtlich übersehen und einfach nicht darauf eingehen. Man kann Menschen ignorieren oder Ratschläge, aber auch Aufträge, Aufgaben oder gute Tipps. Je nachdem, was oder wen man ignoriert, bekommt man vielleicht Probleme, oder auch nicht.

Die wenigsten Eltern werden zulassen, dass sie und ihre Ansagen von ihren Kindern einfach ignoriert werden – auch wenn die Kinder genau das manchmal ganz gerne tun würden. Vielleicht kommt auch dir das Gefühl manchmal ganz bekannt vor.

Manche Dinge am besten einfach übersehen, überhören oder gar nicht darauf reagieren – das wäre doch manchmal tatsächlich das Einfachste!

Einfach ignorieren!

Genau diesen Tipp hatte auch ein alter, weiser Mann für seine Freunde schon vor langer Zeit: Einfach ignorieren, keinen Stress machen!

Seine Freunde waren jüdische Gelehrte, so wie er selbst; vermutlich alles ziemlich schlaue und erfahrene Männer.

Die saßen zusammen und überlegten, wie sie denn das Christentum bekämpfen könnten.

Was sollten sie bloß unternehmen, damit nicht immer mehr Menschen dieser neu entstandenen religiösen Strömung – mehr war es damals ja noch nicht – folgen würden?

Man darf nicht vergessen, dass Juden und Christen natürlich die gleichen Wurzeln hatten, nach wie vor an den gleichen Gott glaubten und viele gemeinsame Gebote befolgten. Der Unterschied bestand hauptsächlich darin, dass Christen an Jesus Christus als den auferstandenen Sohn Gottes glaubten – und die Juden dies ablehnten.

Die jüdischen Gelehrten wollten auf gar keinen Fall, dass immer mehr Menschen zu Christen wurden. Sie hatten schließlich eine andere Glaubensüberzeugung, vor allem eine andere Einstellung zu Jesus. Außerdem hing auch ein Teil ihres eigenen Einflusses davon ab, dass die Menschen möglichst fromme Juden sein wollten.

Der alte Mann sagte: Einfach ignorieren! Nichts tun gegen die Christen – und auch nichts für sie. Wenn diese religiöse Strömung nämlich nicht von Gott gewollt sei, dann würde sie sowieso wieder verschwinden. Wenn sie aber doch von Gott sei, dann könne man auch nichts dagegen ausrichten.

Also – keinen Stress machen.
Gar nicht damit auseinandersetzen.
Auch niemand deswegen verfolgen.
Ganz einfach ignorieren – und abwarten, was passiert!

Der alte, weise Mann hieß Gamaliel. Gamaliel gehörte zum Hohen Rat, der wichtigsten religiösen Versammlung bei den Juden. Dieser Hohe Rat hatte sich getroffen, um über den richtigen Umgang mit den Aposteln zu entscheiden. Mit Apostel sind die Jünger von Jesus gemeint und der Hohe Rat wollte beschließen, ob man gewaltsam gegen die Anhänger von Jesus vorgehen sollte oder nicht. Es war also eine ganz schön spannende Situation, in der Gamaliel den anderen Gelehrten seinen Tipp gab. Überliefert ist dieser Tipp in der Apostelgeschichte.

Und so steht es in der Bibel:

34 Da stand Gamaliel auf, ein Pharisäer und im Volk hoch angesehener
Gesetzeslehrer. Er ließ die Apostel für kurze Zeit hinausbringen; 35 dann
wandte er sich an die Versammelten: „Ihr Männer von Israel, seid vor-
sichtig und überlegt euch genau, was ihr gegen diese Leute unternehmt.
36 Schon früher glaubten manche, etwas Besonderes zu sein, wie Theudas
zum Beispiel. Etwa vierhundert Männer schlossen sich ihm an. Aber er
wurde getötet, und von seinen Leuten ist keiner mehr zu finden. Nie-
mand spricht mehr von ihnen. 37 Danach, zur Zeit der Volkszählung,
unternahm Judas aus Galiläa einen Aufstand. Er konnte viele Anhänger
gewinnen. Aber auch er kam um, und alle, die sich ihm angeschlossen
hatten, wurden auseinandergetrieben. 38 Deshalb rate ich euch in dieser
Sache: Lasst diese Männer in Ruhe! Geht nicht gegen sie vor! Wenn es
ihre eigenen Ideen und Taten sind, für die sie sich einsetzen, werden sie
damit scheitern. 39 Steht aber Gott dahinter, könnt ihr ohnehin nichts
dagegen unternehmen. Oder wollt ihr am Ende als Leute dastehen, die
gegen Gott kämpfen?“ Das überzeugte alle.
(Apostelgeschichte 5, 34-39, Hoffnung für alle)

Soweit der Tipp von Gamaliel. Heute, fast 2000 Jahre später können wir sagen, was passiert ist: Die kleine Glaubensgemeinschaft aus einem vergessenen Winkel des römischen Reiches ist heute die größte Religionsgemeinschaft der Welt.

Sie hat mehr Anhänger als jede andere Religion und ihre Botschaft hat einen großen Teil der Welt geprägt und verändert.

Übernimmt man die Argumentation des alten, weisen Juden, dann ist die Konsequenz ganz klar: Wäre die Glaubensgemeinschaft damals wieder eingegangen, hätte Gott nicht dahintergestanden.

Dass sich daraus diese riesige Weltreligion entwickelt hat, lässt laut der Aussage von Gamaliel nur einen Schluss zu: Nämlich, dass Gott selber hinter der Sache des Christentums steht.

Rasant hat sie sich damals ausgebreitet, diese junge Religionsgemeinschaft, obwohl der Tipp von Gamaliel nicht auf Dauer befolgt wurde.

Richtig übel verfolgt wurden die ersten Christen vor allem von den Römern. Viele wurden nicht nur getötet, sondern sogar gefoltert. Sie wurden geschlagen und gekreuzigt. Viele wurden gesteinigt und wilden Tieren zum Fressen vorgeworfen.

Aber gerade zu den Zeiten, in denen die Verfolgungen besonders krass waren, kamen immer mehr Menschen zum Glauben an Jesus Christus. Ausgerechnet dann, als es besonders gefährlich war, sich zum Glauben an Jesus als den auferstandenen Sohn Gottes zu bekennen, waren besonders viele Menschen bereit dazu.

Das Christentum ist geradezu explodiert, so viele Anhänger sind innerhalb kurzer Zeit dazugekommen. Viele dieser Christinnen und Christen führten ein so beeindruckendes Leben, dass immer mehr Menschen davon begeistert waren.

Das beeindruckte sogar den römischen Kaiser Konstantin. Der war wohl ziemlich geflasht von der christlichen Botschaft und vor allem auch davon, wie toll die Christen lebten. Deswegen machte er schon 321 n. Chr. das Christentum zur Staatsreligion im ganzen römischen Reich.

In weniger als 300 Jahren von der kleinen Sekte zur Weltreligion – wenn das mal keine echte Glaubensexplosion ist.

Zum Nachdenken:

1. Es gibt eine interessante Legende über Kaiser Konstantins Entscheidung, das Christentum zur Staatsreligion zu machen. Vielleicht habt ihr ja Lust, diese mal zu googeln. Es geht um eine Schlacht, ein paar Wolken und ein Kreuz
2. Ganz offensichtlich hat das Christentum ganz schön viel von seiner Überzeugungskraft verloren. Immerhin treten ganz viele Menschen aus den Kirchen aus. Kannst du dir vorstellen, woran das liegen könnte?

Cliffhanger:

Vielleicht fragt ihr euch, woher man denn das alles so genau weiß. Wer die ganzen Leute zum Christentum bekehrt hat? Wie das eigentlich so vor sich gegangen ist und auch wie diese „Missionare“ mit den von ihnen gegründeten Gemeinden überhaupt in Verbindung geblieben sind?

Smartphones, Telefon und Internet gab es schließlich noch nicht.

Antworten auf manche dieser Fragen finden sich im nächsten Kapitel.

12. STAY IN TOUCH!

Die Briefe des Neuen Testaments

Was früher vielleicht die Geldbörse war, oder die Handtasche, ist heute das Smartphone. Ohne dieses Teil fühlen wir uns doch total aufgeschmissen.

Hand aufs Herz – wer hat nicht schon mal das Handy zuhause vergessen – und die ganze Zeit ein mulmiges Gefühl gehabt?

Was, wenn mich ausgerechnet jetzt jemand erreichen will? Bekomme ich es mit, wenn etwas Schlimmes passiert?

Wie soll ich meine Mama erreichen, falls ich sie brauche? ☺

Ohne Smartphone fühlen wir uns nackt.

Vielleicht nicht vollkommen hilflos, aber eben auch nicht komplett. Immerhin steckt doch ein großer Teil unseres Lebens in diesen kleinen Wunderwerken der Technik.

Wir benutzen sie als Fotoalbum und Videothek.

Man kann damit den Kaffee bezahlen, aber auch richtig ernsthaft shoppen. Das Handy führt einen zu jeder gewünschten Adresse und bietet bequemen Zugang zum gesammelten Wissen der Menschheit. Man kann es zum Spielen benutzen, zum Arbeiten oder um sich weiterzubilden. Hoch entwickelte Kameras im Mini-Format bieten immer weitere Möglichkeiten für den beruflichen oder privaten Einsatz. Zahllose Apps für beinahe jeden denkbaren Einsatzzweck lassen sich erwerben. Man benutzt es, um mit Freunden zu kommunizieren und auch immer mehr Beziehungen und Partnerschaften wären wohl ohne die Produkte von Apple, Samsung und anderen Handyherstellern gar nicht erst zustande gekommen.

Wenn man mit nur einem Wort beschreiben müsste, was wohl der wichtigste Zweck eines Smartphones ist, wäre das vielleicht das Wort „Kontakt". Man braucht sein Handy, um mit anderen Menschen in Kontakt zu kommen und in Kontakt zu bleiben.

Man kann es sich heute kaum mehr vorstellen: Aber es gab tatsächlich eine Zeit, in der es noch keine Smartphones gab. Auch das Internet ist noch gar nicht so alt und selbst das Telefon wurde irgendwann erfunden. Davor haben aber auch schon Menschen gelebt. Damals gab es eigentlich nur eine einzige Möglichkeit, um mit weiter entfernt wohnenden Menschen in Kontakt zu bleiben. Man musste Briefe schreiben! So richtig auf Papier. Oder früher noch, als es noch nicht einmal Papier gab, auf Pergament oder Papyrus. Diese Briefe mussten dann durch Boten an die richtige Adresse geliefert werden – eine Post, wie wir sie heute kennen, gab es ja auch noch nicht.

Solche Briefe gibt es auch in der Bibel. Sie wurden hauptsächlich geschrieben, um mit anderen Christen in Kontakt zu bleiben.

Besonders viele Briefe im Neuen Testament stammen vom Apostel Paulus. Auf seinen Missionsreisen hatte er zahlreiche Gemeinden gegründet. Nach unterschiedlich langer Zeit war er dann aber weitergezogen. Um den Kontakt nicht abreißen zu lassen, hat er Briefe geschrieben. Manche dieser Briefe richten sich an einzelne Personen, einige auch an ganze Gemeinden.

Viele haben einen ganz bestimmten Anlass. Oft geht es in den Briefen um Glaubensfragen, um die Situation in den einzelnen Gemeinden. Es kommen aber auch Grüße vor, Vorhaben für die Zukunft werden beschrieben, Gefühle kommen zum Ausdruck – so wie in ganz normalen Briefen eben.

Manche dieser Briefe richten sich weniger an einzelne Gemeinden, sondern waren wohl mehr eine Art Rundschreiben an mehrere Gemeinden. Der Römerbrief ist an die Christen in Rom adressiert. Gleichzeitig ist er genauso eine Art Rundschreiben, eine Art Zusammenfassung des Evangeliums von Jesus Christus.

Als die heute noch aktuelle Bibel zusammengestellt wurde, nahm man auch solche Briefe in den Kanon auf. Kanon nennt man die Zusammenstellung aller Bücher der Bibel.

Die Briefe haben auch uns Christinnen und Christen heute noch viel zu sagen und manche der wichtigsten Entwicklungen im Christentum beruhen auf den Briefen.

So hat zum Beispiel Martin Luther seine Reformation auch aufgrund einer Stelle aus dem Römerbrief gestartet, nämlich wegen Römer 1, 17.

Vermutlich sind einige Briefe sogar die ältesten Schriften des Neuen Testaments. Damit sind sie die ersten, die über das Leben, Sterben und vor allem auch über die Auferstehung Jesu berichten. So erzählt zum Beispiel Paulus im 1. Brief an die Korinther davon, dass Jesus auferstanden sei und sich weit mehr als 500 Menschen gezeigt habe; Menschen, die größtenteils noch am Leben waren und sich sicherlich gewehrt hätten, wenn man ihnen falsche Aussagen untergeschoben hätte.

Die Briefe sind also ein wichtiger Bestandteil des Neuen Testaments und der ganzen Bibel. Sie geben einen wertvollen Einblick in die Welt der ersten Christen – und sie haben auch uns noch ganz schön viel zu sagen, die Briefe. So wie dieser Abschnitt hier. Er stammt aus dem Brief an die Gemeinde in Ephesos, einer Stadt in der heutigen Türkei. Ephesos war zur Zeit des römischen Reiches eine sehr bedeutende Handelsniederlassung. Der Epheserbrief richtet sich an die christliche Gemeinde dort.

Hier ein kurzer Auszug:

10 Zum Schluss noch ein Wort an euch alle: Werdet stark, weil ihr mit dem Herrn verbunden seid! Lasst euch mit seiner Macht und Stärke erfüllen! 11 Greift zu all den Waffen, die Gott für euch bereithält, zieht seine Rüstung an! Dann könnt ihr alle heimtückischen Anschläge des

Teufels abwehren. [12]Denn wir kämpfen nicht gegen Menschen, sondern gegen Mächte und Gewalten des Bösen, die über diese gottlose Welt herrschen und im Unsichtbaren ihr unheilvolles Wesen treiben. [13]Darum nehmt all die Waffen, die Gott euch gibt! Nur gut gerüstet könnt ihr den Mächten des Bösen widerstehen, wenn es zum Kampf kommt. Nur so könnt ihr das Feld behaupten und den Sieg erringen. [14]Bleibt standhaft! Die Wahrheit ist euer Gürtel und Gerechtigkeit euer Brustpanzer. [15]Macht euch bereit, die rettende Botschaft zu verkünden, dass Gott Frieden mit uns geschlossen hat. [16]Verteidigt euch mit dem Schild des Glaubens, an dem die Brandpfeile des Teufels wirkungslos abprallen. [17]Die Gewissheit, dass euch Jesus Christus gerettet hat, ist euer Helm, der euch schützt. Und nehmt das Wort Gottes. Es ist das Schwert, das euch sein Geist gibt. [18]Hört nie auf zu beten und zu bitten! Lasst euch dabei vom Heiligen Geist leiten. Bleibt wach und bereit. Bittet Gott inständig für alle Christen. [19]Betet auch für mich, damit Gott mir zur rechten Zeit das rechte Wort gibt und ich überall das Geheimnis der rettenden Botschaft frei und offen verkünden kann. [20]Auch hier im Gefängnis will ich das tun. Betet darum, dass ich auch in Zukunft diese Aufgabe mutig erfülle, so wie Gott sie mir aufgetragen hat.

Grüße und Segenswünsche

[21]Ich möchte gern, dass ihr auch erfahrt, wie es um mich steht. Tychikus, mein lieber Bruder und treuer Mitarbeiter im Dienst für den Herrn, wird euch von mir berichten. [22]Ich schicke ihn eben deshalb zu euch, damit ihr erfahrt, wie es um uns steht. Er soll euch ermutigen. [23]Euch, meinen lieben Brüdern und Schwestern, wünsche ich Frieden, Liebe und immer stärkeren Glauben. Das schenke euch Gott, unser Vater, und Jesus Christus, unser Herr. [24]Gottes Gnade sei mit allen, die unseren Herrn Jesus Christus lieben, und schenke ihnen unvergängliches Leben!

(Epheser 6, 10-24, Hoffnung für alle)

In den letzten Versen wird der persönliche Charakter des Briefes deutlich:

Als Paulus diesen Brief schreibt, sitzt er gerade im Gefängnis. Einigen besonders religiösen Juden hatte nämlich überhaupt nicht gefallen, dass Paulus so erfolgreich und begeistert von Jesus erzählte – genau von diesem Jesus Christus, den sie in Jerusalem hatten kreuzigen lassen. Jetzt reiste Paulus überall herum und berichtete, dass dieser Jesus von den Toten wiederauferstanden sei. Paulus war damit so erfolgreich, dass viele Menschen ihm glaubten.

Deswegen haben seine Gegner ihn bei den Römern angezeigt, so ähnlich, wie sie es einige Jahre vorher auch mit Jesus gemacht hatten. Die Römer waren die Besatzungsmacht und mussten der Sache nachgehen, ihn gefangennehmen und zu einer Gerichtsverhandlung nach Rom schicken. Eine ziemlich aufwändige und lange Reise schloss sich an.

Als Boten schickt er offensichtlich seinen Mitarbeiter Tychikus, der den Brief der Gemeinde übergeben soll. Wie lange mag Tychikus damals wohl unterwegs gewesen sein, bis er den Brief endlich übergeben konnte.

Die Briefe des Paulus haben also bereits eine ganz schön abenteuerliche Geschichte hinter sich, bis sie ihren Weg in unsere heutige Bibel gefunden haben und uns von damals erzählen können.

Besonders bekannt aus dem Epheserbrief sind die Verse 10-20 dieses Textes, in welchen es um die so genannte „Waffenrüstung Gottes“ geht: um den Kampf des Guten gegen das Böse und welche Ausrüstungsgegenstände Gott uns Christinnen und Christen zur Verfügung stellt.

Vielleicht wirkt es ein bisschen altmodisch, wie aus der Zeit gefallen, dieses Bild vom Kampf mit Schwert, Schild und Helm.

Das mag schon sein.

Aber sind sie uns nicht alle vertraut, diese Kämpfe zwischen Gut und Böse? Haben wir nicht tagtäglich unzählige Möglichkeiten, uns für das eine oder das andere zu entscheiden?

Das Bild vom Engelchen und Teufelchen im Kopf ist uns vielleicht näher als die Vorstellung vom Ritter in voller Waffenrüstung. Beide Aussagen meinen aber eigentlich das Gleiche, nämlich die vielen Kämpfe zwischen Gut und Böse; die vielen kleinen – oder auch größeren Möglichkeiten – uns für eine der beiden Seiten entscheiden zu können. Der Bibeltext gibt uns aber noch zusätzliche Tipps, wie wir uns gegen die Versuchungen des Bösen besser wehren können. Wir sind aufgerufen, uns immer wieder neu für das Gute zu entscheiden. Damit es den Menschen um uns herum bessergeht – und auch uns selbst!

Zum Nachdenken:

Vielleicht hast du Lust, die Verse 14-17 nochmals nachzulesen. Es ist ziemlich interessant, welcher Teil der Ritterrüstung mit welchem Aspekt des Glaubens verglichen wird.

Findest du diese Vergleiche passend?

Lesetipp:

Wer die Basics des christlichen Glaubens in ausführlicher Form nachlesen will, könnte sich den Römerbrief vornehmen. Hier beschreibt Paulus ziemlich ausführlich, was den christlichen Glauben so ausmacht. Dieser Brief richtet sich an die ganze christliche Gemeinde in Rom – und eigentlich an alle Menschen auf der Welt. Aber Achtung – der Römerbrief hat 16 Kapitel, ein bisschen Zeit braucht man dafür schon …

Cliffhanger:

Christinnen und Christen haben beste Aussichten. Es geht ihnen zwar nicht immer besser; auch sie müssen mit Leid, Schicksalsschlägen und Problemen kämpfen. Aber sie haben die unvergleichliche Aussicht, auf ein ewiges Leben bei Gott. Ein Leben in absoluter Zufriedenheit – Chillen auf Wolke 7 – für immer! Das letzte Buch der Bibel, die Offenbarung, ist nicht ganz einfach zu verstehen. Aber es bietet einen Ausblick auf diese geniale Zukunft – mehr dazu auf den nächsten Seiten!

13. VOM ENDE DER WELT

Die Offenbarung

Gesucht ist ein bestimmter Begriff.

Hinter jeder Nummer kommt ein Satz, der diesen Begriff beschreibt.

Je mehr dieser Sätze vorgelesen werden, umso leichter ist es, diesen Begriff zu erraten.

Ziel ist es, den gesuchten Begriff mit Hilfe *möglichst weniger Sätze* zu erraten!

Wann macht es also bei dir „Klick"?

Los geht's:

1. Jeder kennt sie.
2. In manchen Liedern und Gedichten kommen sie vor.
3. Auch bei kleinen Kindern kann man sie beobachten – sogar ziemlich oft.
4. Bei Tieren kommen sie eigentlich nicht vor, zumindest nicht aus den gleichen Gründen.
5. Meistens sind sie uns ein bisschen peinlich.
6. Oft sind sie mit Geräusch verbunden.
7. Sie drücken unsere tiefsten Gefühle aus.
8. Sie schmecken salzig.

Genau,Tränen!

Der gesuchte Begriff ist „Tränen".

Wir kennen sie alle.

Manchen kommen die Tränen häufiger, anderen eher selten.

Aber kennen tun wir sie alle. Man könnte vielleicht den Eindruck haben, dass Frauen mehr weinen als Männer. Ob das wirklich so ist, weiß ich nicht.

Ganz unbekannt sind Tränen aber wohl keinem Menschen.

Wir Menschen sind übrigens die einzigen Lebewesen, bei denen Gefühle durch Tränen ausgedrückt werden.

Tränen sind also ein Zeichen für heftige Gefühle. Es gibt Freudentränen oder Tränen der Rührung.

In den meisten Fällen drücken Tränen aber eher schmerzvolle Gefühle aus. Diese können körperlich oder seelisch sein. Es berührt uns etwas ganz besonders, es tut uns weh, es schmerzt uns.

Meistens verbindet man mit Tränen also eher negative Erfahrungen. Vielleicht ist es deswegen auch so, dass manche sich für ihre Tränen schämen.

Wenn möglich, blinzelt man sie schnell wieder weg.

Oder man reibt sich heimlich die Augen.

Vermutlich hat noch niemand untersucht, wie viele Papiertaschentücher fürs Nase-Putzen draufgehen, und wie viele fürs Tränen abwischen. Es müssen aber ganz schön viele sein.

Auch ein verweintes Gesicht versteckt man lieber.

Keiner soll sehen, dass es einem nicht gut geht.

Zum Nachdenken:

1. Aus welchen konkreten Gründen weinen Menschen?
   (Antwort-Vorschlag: Schlechte Noten, Streit, Trennung, Scheidung, Liebeskummer, Krankheit, Jobverlust, Stress, Tod, …)
2. An bestimmten Orten wird mehr geweint als an anderen. Kannst du dir vorstellen, welche Orte das sind?
   (Antwort-Vorschlag: Friedhof, Unfallort, Kirche, Krankenhaus, Zuhause, Schule, …)

3. Wie kann man weinenden Menschen helfen/sie trösten?

Achtung – jetzt wird's persönlich:

4. Kannst du dich erinnern, wann DU das letzte Mal geweint hast?

5. Wann hat deine Mutter das letzte Mal vor dir geweint?

6. Und dein Vater?

Wenn man ein bisschen darüber nachdenkt, merkt man schnell:

Tränen gehören zum Leben!

So lange Menschen leben, wird es immer auch Leid und Ungerechtigkeit geben, Krankheit, Streit und Tod. Die Gründe für Tränen scheinen uns nicht auszugehen. Dass immer wieder auch ein paar Freudentränen dabei sein können, ist dabei ein eher schwacher Trost.

Das letzte Buch der Bibel, die Offenbarung, ist nicht ganz einfach zu verstehen. Sie ist voll rätselhafter Symbole und Beschreibungen, die man nicht alle auf die Schnelle erklären kann.

Die Offenbarung bietet uns – zumindest teilweise – einen Blick in die Zukunft. Manches an diesem Blick in die Zukunft ist erschreckend: Da wird von schlimmen Zeiten berichtet und von großen Katastrophen. Am Ende aber steht der Blick in eine schöne Zukunft; eine Zukunft, in der alles neu gemacht wird. Eine Zukunft, in der es keine Tränen mehr geben wird.

In der Offenbarung macht Gott nämlich klar, dass es nicht unendlich so weitergehen wird, mit unseren Tränen und den vielen Gründen dafür. Er selbst wird dafür sorgen – so wie er ganz am Anfang die Welt und uns Menschen gemacht hat, wird er nochmal etwas Neues machen: Einen neuen Himmel und eine neue Erde.

Gott verspricht eine neue Welt, in der es kein Leid mehr geben wird, keine Klage, keine Schmerzen und auch keinen Tod!

So steht es in der Bibel:

[1]Danach sah ich einen neuen Himmel und eine neue Erde. Der frühere
Himmel und die frühere Erde waren vergangen; auch das Meer gab es
nicht mehr.
[2]Ich sah die heilige Stadt, das neue Jerusalem, von Gott aus dem
Himmel herabkommen, schön wie eine Braut, die sich für ihren Bräu-
tigam geschmückt hat. [3]Und vom Thron her hörte ich eine mächtige
Stimme rufen:
„Seht, die Wohnung Gottes ist jetzt bei den Menschen!
Gott wird in ihrer Mitte wohnen;
sie werden sein Volk sein – ein Volk aus vielen Völkern,
und er selbst, ihr Gott, wird immer bei ihnen sein.
[4]Er wird alle ihre Tränen abwischen.
Es wird keinen Tod mehr geben,
kein Leid und keine Schmerzen,
und es werden keine Angstschreie mehr zu hören sein.
Denn was früher war, ist vergangen.“
(Offenbarung 21, 1-4, Neue Genfer Übersetzung)

Gott selbst will uns also alle Tränen abwischen – und dann wird er dafür sorgen, dass es keinerlei Gründe für neue Tränen geben wird.

Für alles Schlechte und Böse wird kein Platz mehr sein.

Ein neuer Himmel, eine neue Erde, kein Leid und kein Tod mehr – ein Paradies ohne Ende.

Was für ein wunderbares Versprechen, das uns auf den allerletzten Seiten der Bibel gegeben wird!

Am Ende wird so alles gut! Genau wie am Anfang bei der Schöpfung, wo auch alles gut war!

Wenn das mal keine tollen Aussichten sind ☺

Cliffhanger:

Diesmal gibt es keinen Cliffhanger zum nächsten Kapitel. Dieses Buch ist jetzt zu Ende!

Noch lange nicht zu Ende ist Gottes Geschichte mit uns Menschen. Vielleicht hast du ja Lust bekommen, auf eigene Faust ein bisschen mehr davon zu lesen; ein bisschen mehr davon, was Menschen mit Gott schon so erlebt haben.

Es gibt noch ganz viel zu entdecken in der Bibel.

Mach doch einfach den Test.

Vielleicht bietet sich dafür eine Bibel in leichter Sprache, wie zum Beispiel die Basisbibel[4] oder auch eine freche Übersetzung, wie etwa die Volxbibel[5] an.

Oder du nimmst eine der vielen normalen Übersetzungen – die meisten davon gibt es auch online.

Ein guter Start, um selbst in der Bibel zu lesen, sind übrigens die Evangelien oder der Römerbrief.

Sehr gerne darfst du übrigens Anmerkungen, Anregungen oder Kritik zu diesem Buch loswerden.
Am einfachsten auf www.dirk-schwarzenbolz.de unter Kontakt.

Ich bin gespannt!

---

4 https://www.die-bibel.de/bibeln/unsere-uebersetzungen/basisbibel/

5 https://www.volxbibel.de/

FSC
www.fsc.org
MIX
Papier aus verantwortungsvollen Quellen
FSC® C014138

Bibliografische Information der Deutschen Nationalbibliothek:
Die Deutsche Nationalbibliothek verzeichnet diese Publikation in der Deutschen Nationalbibliografie; detaillierte bibliografische Daten sind im Internet über http://dnb.d-nb.de abrufbar.

Gesamtgestaltung: Grafikbüro Sonnhüter, www.grafikbuero-sonnhueter.de, unter Verwendung von Bildern von © priscilla-du-preez (unsplash), Noch (shutterstock.com)
Lektorat: Viktoria Tersteegen
Verwendete Schrift: Downhille Dive, Minion, Sofia
Gesamtherstellung: Finidr, s.r.o.
Printed in Czech Republic
ISBN 978-3-7615-6913-9

www.neukirchener-verlage.de